考えない家事

「ルーティン化」で
心も体も自由になる！

こぴょこぴ

主婦と生活社

掃除・片づけ・料理で悩まないで済むように、「ルーティン化」をして、ラクになりました。

朝起きたら、前の晩の洗い物がシンクにいっぱい。

↓寝る前にはキッチンを整えた状態に。帰宅が遅い夫の食器は、夫自身に洗ってもらう。

水まわりの掃除がイヤ。つい汚れをためて、ますますおっくうに。

↓早朝の「ついで掃除」できれいを保つ。

朝食はまだしも、夕食作りがめんどう。

↓「週末作り置き生活」で平日の夕食作りをラクに。

気づくと部屋が散らかっている……。

↓自分の移動のついでに片づけて、体力を省エネ化。

洗濯ネットに入れるもの、入れないものの仕分けがおっくう。

↓洗濯かごに入れる時点でネットに仕分けてしまう！

ゴミ箱へのゴミ袋のセット、頻度が高くて意外と手間。

↓家じゅうのゴミ箱にはどれも一度に5枚、重ねてセット。取り替えの手間を減らす。

キッチンマット、洗うときもかさばって……。

↓撤去で問題なし。夕食後、キッチンをリセットするついでに床も拭いちゃう。

ほこりや手あかが目についちゃって……。

↓家具用ワックスを塗って、手触りツルツル、汚れをつきにくくする。

使わなくなったものが、片づけられない。

↓フリマアプリで安く売る。値づけに欲をかかず、いさぎよく手放す。

大掃除の時期が来ると、ゆううつ。

↓1日1か所、ふだん掃除しない場所をきれいに。気づいたときに少しずつ行って、大掃除を大がかりにしない。

地震、大型台風……万一の備えは、しておきたいけれど……。

↓とりあえずは100円ショップにあるものでそろえて、不安を取り除く。

食器を洗うのがめんどう。

↓少量でも食洗機。機械に頼めることは、迷わずやってもらう！

洗濯は夫にも協力してほしい。

↓洗濯槽に洗剤の量を、乾燥機には使い方の注意書きをラベリング。夫が気軽にできるように。

「Stay home を機嫌よく、安心して過ごす」。私の小さな〝仕掛け〟をご紹介します。

はじめに

はじめまして。私は「ぴょこぴょこぴ」という名前で、暮らしまわりの工夫を発信しています。

もともとは家事が苦手。時短という言葉も急かされているようでキライでした。そんな私が結婚・出産を経て、家事・育児をしながら往復3時間の遠距離通勤をすることに。慣れない育児で、最低限の家事をこなすのが精いっぱいの日々が続きました。

子どもを寝かしつけながらいっしょに眠ってしまい、夜中に起き出して終わっていない家事を片づける毎日。そんなある日、このままではいけない！ と思いついたことをひとつずつ試して、家事の仕方や時間の使い方など工夫を重ねました。また自分ひとりでは無理だと思うことは、夫に相談し家事の分担も進めました。その結果、暮らしは劇的にラクになりました。

そして6年ほど前、「私のように困っているお母さんがいるかもしれない」と思い、工夫してきたことをインスタグラムに投稿しはじめました。時間のないワーキングマザーや赤ちゃんの育児をされている方が見たとき、どんな情報が書いてあるかがパッとわかるように、画像に文字を入れたり、掃除の手順なども複数の画像でくわしく説明するなど工夫。すると驚くほどフォロワーさんが増えはじめました。以来、フォロワーさんからいただいたコメントやメッセージなどを参考にしたり励みにしたりしながら、投稿を続けてきました。

家事のほかに力を入れたのが、防災対策。東日本大震災のときに帰宅できず、会社で一泊しました。まだ子どもが生まれていなかったのでなんとかなりましたが、子どもがいたらと思うとゾッとし、防災対策の必要性を痛感、夫婦で話し合いながら対策を進めました。そんなわが家の備えについても、みなさんのきっかけや参考になれば、と考えて積極的に発信しています。

暮らしや家事は、うまく回りはじめるととても楽しいもの。そのために効果的なのはある程度の「ルーティン化」。家事を毎回「考える動作にする」と、疲れてしまいます。掃除、片づけ、料理の仕方、さらには時間の使い方。やるべきことが決まっているほうが、「あれやったっけ？」「これもしとかなきゃ……」の思いから逃れられて、心も体も自由になる時間が増えます。

家族と笑顔で暮らしていくために、本書でお見せするわが家の暮らしの工夫がお役に立てたらうれしいです。

ぴょこぴょこぴ

Chapter 1

自分をとことんラクにする！　掃除・収納の「ルーティン化」

Chapter 2

暮らしがラクに回りだす　朝の「ルーティン化」

Chapter 3

キライ、苦手だからこそ！　料理の「ルーティン化」

Chapter 4

備えがあることの安心。防災備蓄の「ルーティン化」

Column

Chapter 1

自分をとことんラクにする！
掃除・収納の「ルーティン化」

洗い物のないシンク、パリッと乾いている洗濯物、キラッと輝いている水栓……家のことにちゃんと手が回っているときは、心が落ち着き、家族にも自分にもやさしくなれています。家事を「よしっ」と腕まくりするような大ごとにせず、「日常の動きのなかで無理なくできること」を習慣にしています。

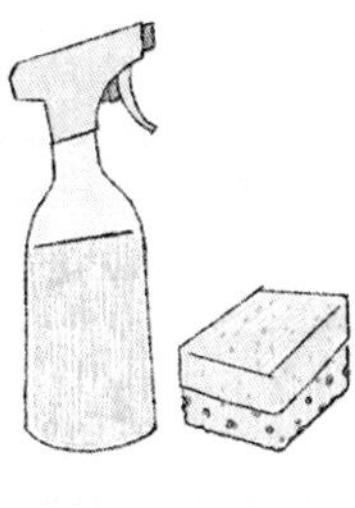

ルーティン掃除と1日1か所掃除できれいを保つ

掃除が大変なのは、汚れをためてしまうから。わが家の場合は、おおざっぱに毎日、毎週、毎月と定期的に行うメニューを決めています。**「場所」と「頻度」を決めておくことで気分がラクに。**「掃除」という作業を可視化してルーティンをこなすことで、「そのうち、あそこを掃除しなきゃ」というモヤモヤから解放されます。

毎日の掃除ルールは「1日1か所、ふだんやらないところを掃除する」。これで家じゅうを劇的にきれいに保てるようになりました。毎日1か所というと気が重くなるかもしれませんが、その日のやる気に応じて場所を選べば、無理なく続けることができます。余裕があるときはキッチンの引き出しの中身を全部出して掃除する、なんてこともありますが、忙しいときは階段の手すりをサッとひと拭きするだけでOKとしています。

週1回、週末に行う掃除は夫や子どもとできることを。冷蔵庫の下など夫といっしょに行わないと危ない掃除や水を使った外まわりの掃除など。また、洗濯槽のカビ取りや、浴室の排水口や風呂釜掃除などは、月に1回行うと決めています。

こうして気になる場所を少しずつ掃除。家じゅうピカピカとはいきませんが、毎日のルーティン掃除と、1日1か所の掃除で1年を通して平均的にきれいな状態を保つことができています。

浴室の掃除をラクにするために購入したレットーのAラインチェア。バスタブの縁にかけておけるので、脚の裏のカビ予防に。座面が高く座りやすいのもお気に入り。

毎日の掃除

・トイレをサッと掃除する
・浴室の水滴拭き
・バスタブの掃除（夫が担当）
・洗面台をサッと掃除する
・掃除機がけ
・玄関のはき掃除
・キッチンとダイニングテーブル下の床拭き
・結露していたら窓拭き
・1日1か所掃除

日々の床掃除はお掃除ロボットにも頼ります。子どもたちといっしょに、床の上のおもちゃなどを片づければ、あとはスイッチを押すだけ。

毎週の掃除

・フローリングワイパーまたはお掃除ロボット（ブラーバ）で床の水拭き
・浴室の手が届く範囲を洗う
・トイレの念入り掃除
・ベランダの手すり拭き（布団を干す日だけ）
・郵便受け、玄関扉の拭き掃除

玄関扉やバーハンドルは固く絞ったウエスで掃除しています。砂ぼこりが取れて、スッキリ。お客さまが最初に見るところなので、きれいにしておきたいと考えています。

毎月の掃除

・洗濯槽の掃除
・浴室の天井の除菌、排水口、風呂釜の掃除、防カビ燻煙剤を使う

浴室は天井の除菌掃除と防カビ燻煙剤を定期的に。天井にカビが生えると浴室全体に胞子をふりまくので、フローリングワイパーにアルコールスプレーをたっぷりと吹きかけて拭きあげます。

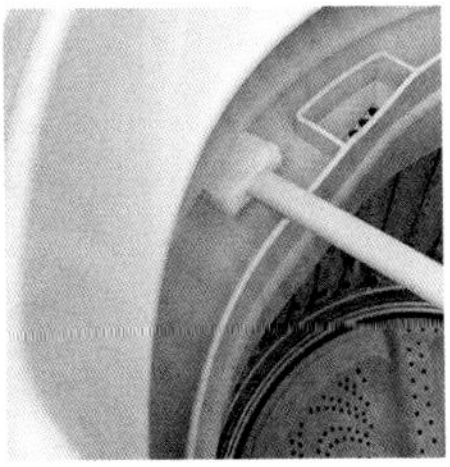

洗濯槽の掃除には、すきま掃除用スポンジが便利。水を含ませて溝などを拭くと、中の汚れを簡単にかき出せます。100円ショップやドラッグストア、無印良品でも販売されています。

「大掃除」をしないための、夏の終わりからのカウントダウン

掃除は季節に合わせて行うのが理想的です。たとえば、じめじめする梅雨のはじめにカビ対策を、汚れがゆるむ暑い夏には水を使って家の外まわりを掃除。そしてわが家では、**夏が過ぎて涼しくなったころに、年末までにやりたい掃除のリストアップを始めます**。Ａ４の紙に掃除ができていない場所、また掃除以外に机や椅子のメンテナンスなど、チャレンジしておきたいものもピックアップ。目につきやすい冷蔵庫に貼り、終えたものから斜線で消していきます。

こうして年末を意識して掃除を進めますが、すべて終わらなくてもよいことにしています。終わらなかった掃除は、翌年、優先的に行って、早い時期にきれいを取り戻します。

汚れをためたくないナンバーワンは、排水口のゴミ受け。毎朝の掃除でゴミを取って洗います。

キッチンのワークトップは食器を洗うようにして丸洗い。水を含ませたスポンジに、食器用洗剤をつけて泡立て、スクイージーで泡と汚れを一気にかき取り、タオルで拭きあげます。ザラつきが落ちて、ツルツルになります。

疲れているときは、自分が気になるポイントだけを

リビング側から見たキッチン。リビングとの境になるキッチンカウンターは、スマホや学校の紙類などつい「物置き」にしがち。一時置きはしますが、置きっぱなしにならないようにこまめに片づけるようにしています。

掃除が行き届かなくて、気持ちがどんよりしがちなときは、**家の中で「自分が気になる」場所だけをピカピカにします**。私の場合、もっとも気になるのはキッチンの蛇口。ここだけは必ずピカピカにしています。それからほかの「水まわり」「キッチンのワークトップ」「テーブル」「鏡、ガラス、テレビ画面の手の跡」などと続きます。

水滴を拭く、ステンレス部分を拭く、ゴミを取り除く、固く絞ったマイクロファイバークロスで手の跡を拭いて回る、など体力とやる気に応じて掃除。気になる場所を優先的にきれいにすることで気持ちがスッキリします。

また片づけは、タイマーをかけて子どもたちと競争しながらゲーム感覚で行ったり、長女に掃除機がけを頼むなど、ひとりで抱え込んで苦しくならないように分担しています。

シュッとするだけ、つけるだけ めんどうなしの「除菌」「掃除」グッズを愛用

食中毒や新型コロナウイルス対策として、アルコールスプレーが欠かせません。気に入っているのが「パストリーゼ77」。スポンジにもみ込んで除菌したり、フローリングワイパーに吹きつけて浴室の天井掃除をするなど、家じゅうで使っています。アルコール分77%という高濃度で高い除菌効果が期待できるうえ、醸造用のアルコールと純水、緑茶カテキンで作られているので手や食品にも使えて安心。たっぷり使えるように、ネットで大容量を買い、小分けにして使用しています。

酸素系漂白剤は「つけ込むだけ」で多くのキッチンアイテムから洗濯槽、浴室の排水口までピカピカになる便利グッズ。また、がんこな油汚れには「ゼリー石けん」、焦げつきには「重曹」と汚れに応じて使い分けています。

私が愛用している「パストリーゼ77」(ドーバー酒造株式会社)。インターネットサイトで、5ℓ入りや一斗缶入りのものを購入し、スプレー容器に詰め替えて使っています。

※「パストリーゼ77」はフローリング、樹脂、塗料、ワックスの塗布面、ゴム、皮革、塗装製品などを傷めることがありますので、まずは目立たない場所でお試しください。

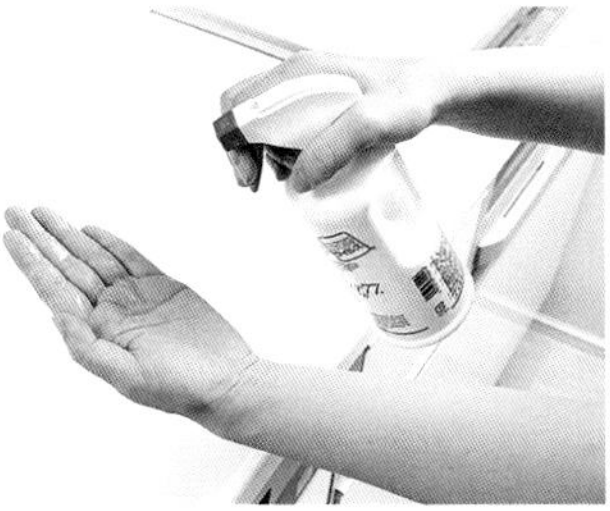

手指に
調理前のほか、玄関先に置いておき、外から帰ってきたときの消毒に。軽く手に吹きかけて、指先や爪はとくに念入りになじませます。

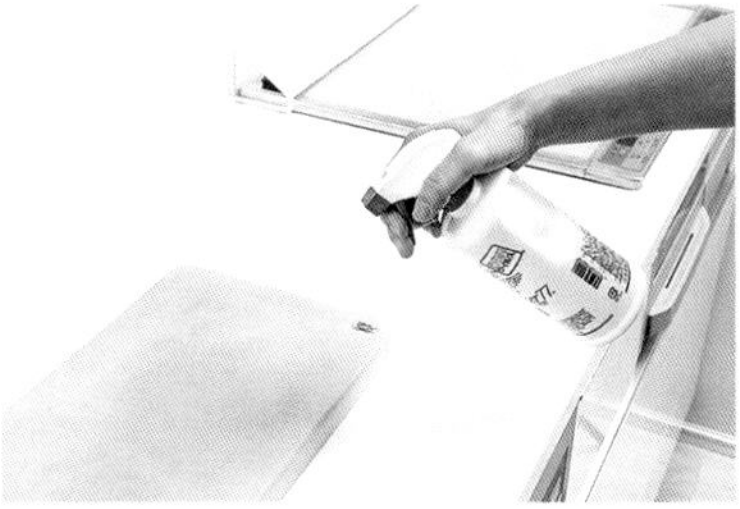

まな板に
肉や魚、揚げ物などを切ったあとは、食器用洗剤をたわしにつけて、水で流しながらこすり洗い。臭いが気になるときは粗塩をふると効果的。仕上げにシュッとして除菌。

洗ったあとの食品に
へたがついていた部分は雑菌が多いので、洗って水滴をペーパータオルで拭き取ったあとしっかりとスプレー。そのあと保存容器に入れておけば鮮度が長持ちします。

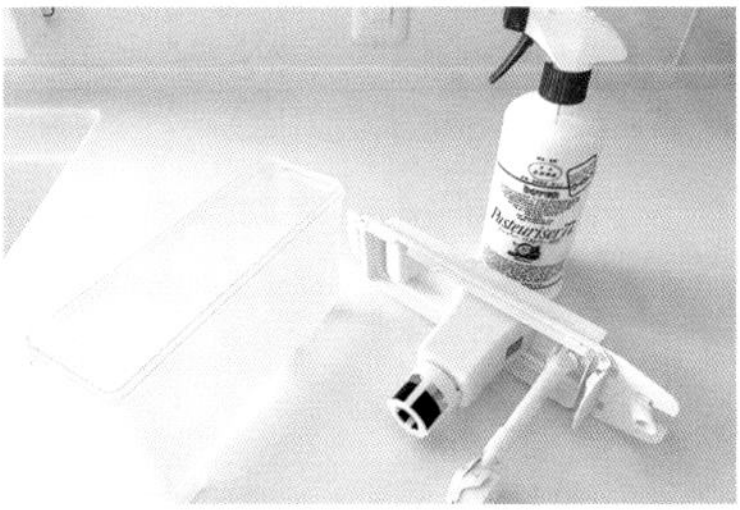

製氷機の水タンクに
カビの温床といわれている水タンク。洗ったあとにワンプッシュしておくと安心。いったんしっかり乾かしてから使用。

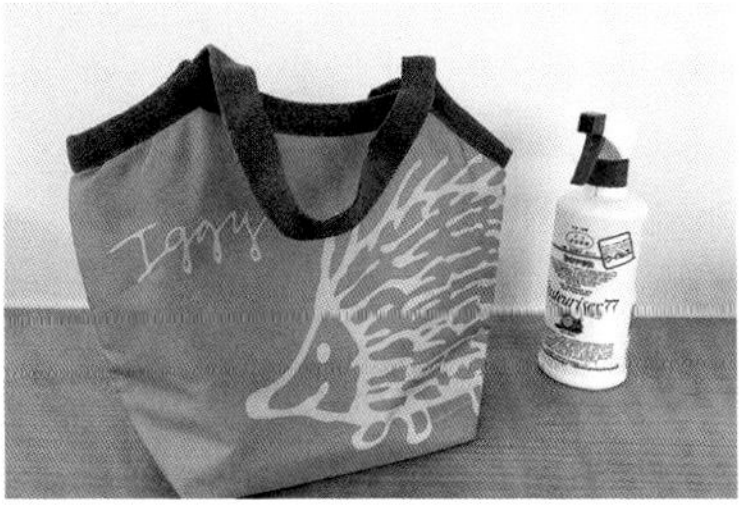

エコバッグに
スーパーの袋が有料化されてエコバッグの出番が多くなりました。家に帰ったら外側と内側の両方に吹きかけておきます。

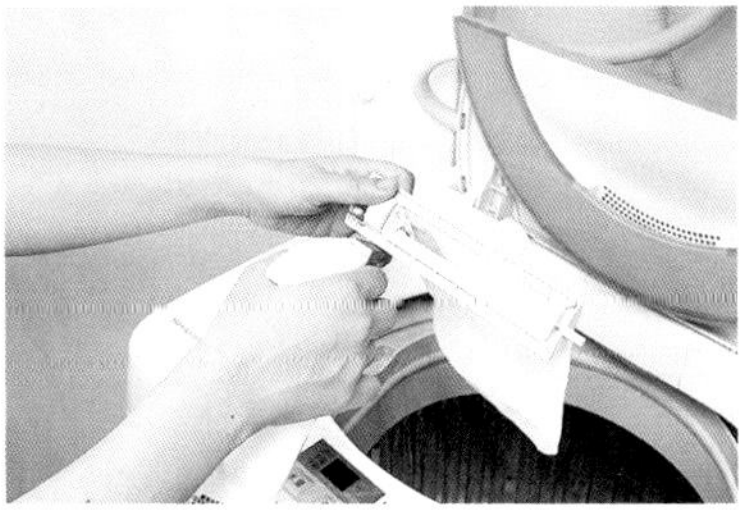

洗濯機に
洗濯機のゴミ受けネットは洗濯のあと、ゴミを取り除いてスプレーしてから乾かします。カビが生えやすいので、乾燥と除菌は毎回しっかりと行います。

つけ置きするだけでピカピカ「オキシ漬け」

シンクもキッチンツールもまるごときれいになるのが「オキシ漬け」。シンクを止水して40〜60度のお湯を張り、愛用の「オキシウォッシュ」（スーパーやネットで購入できます。「オキシクリーン」や「過炭酸ナトリウム」でも可）を溶かして、キッチンツールを4時間ほどつけ込みます。あとはきれいに洗い流して乾かせば、シンクもキッチンツールもピカピカに。

うまく行うポイントとしては「お湯が流れないように、シンクをしっかり止水することと、お湯の温度」。止水栓がついているシンクは問題ないのですが、わが家はついていないので、せっかくためたお湯が流れてしまい、何度も失敗しました。今は排水口のゴミ受けにラップを縦横に厚めにぐるぐる巻き、竹串や箸で上部に1か所穴を開け、排水口にぎゅっと押し込んでいます。上部に穴を開けるのは空気抜きのため。穴を開けていなかったころは、空気がたまったゴミ受けが浮かび上がって、一気に水が抜けてしまったこともありました。

基本はお湯4ℓに対してオキシウォッシュが付属のスプーン1杯。もっとも洗浄効果を発揮するのが40〜60度なので、給湯温度が低い場合は、やかんか鍋でお湯を沸かして温度調整を。アルミ素材のものはNG、ゴム素材も傷める可能性があるので、排水口部分にゴム素材のパッキンがある場合は注意が必要です。

ちょっとしたコツのいる「オキシ漬け」ですが、慣れてしまえば手間いらず。ゴシゴシこすらなくてもいいので重宝です。私は人工大理石のキッチンシンクに着色汚れがついてきたな、と思ったら外出のタイミングなどでキッチンシンクのオキシ漬けをすることにしています。

キッチンまわりや浴室の掃除にも使える粉末タイプの酸素系漂白剤「オキシウォッシュ」（紀陽除虫菊）。界面活性剤入りで泡切れがよく、漂白、消臭、除菌が一度に。お湯4ℓに対し、オキシウォッシュ約30gを溶かした溶液を作って使います。汚れの程度により、濃さを調整。

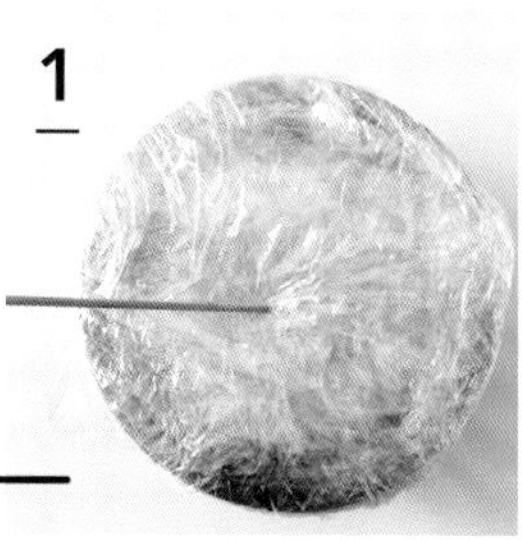

ラップをぐるぐる巻きにしたあと竹串で穴を開けます。ここから水が入りますが、空気が抜けるので浮き上がってこないし、ゴミ受けもきれいに。

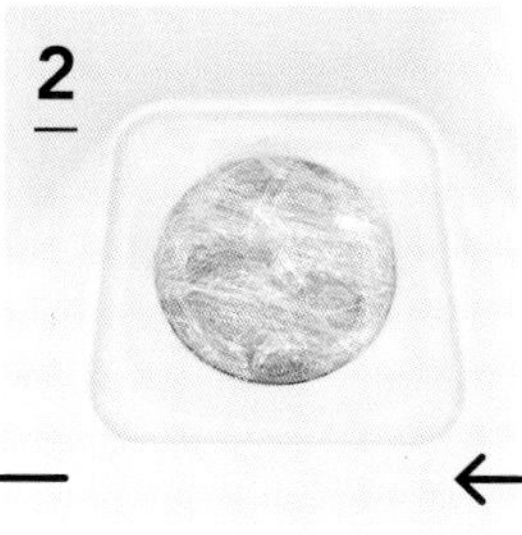

排水口にぎゅっと押し込んでゴミ受けをはめ込みます。これで止水対策は万全。

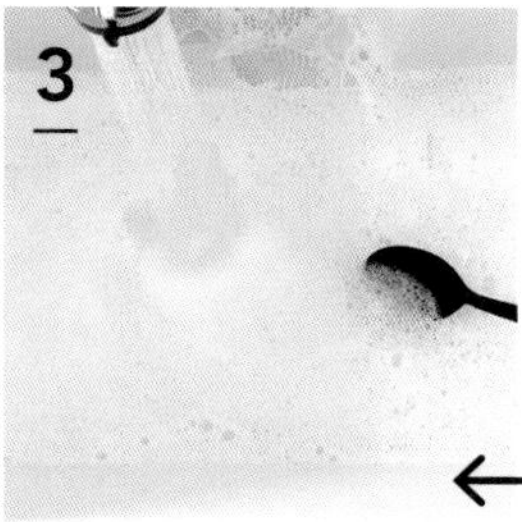

オキシウォッシュを入れたら、お玉などで混ぜて、粉末がしっかりと溶けるようにします。

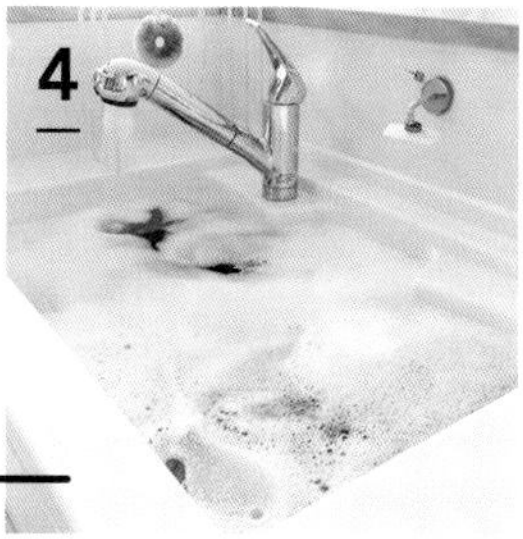

4時間ほどつけ込みます。外出予定があるときには、出かける前につけ込んでおけば帰ってきたら完了しているので、効率的。

つけておいたキッチンツールと、シンクを洗い流します。ツールの水気をふきんできれいに拭いて乾かせば完了。

きれいに洗ってふきんで拭いたら、コンロのまわりに立てかけて完全に乾かします。ステンレスについていた着色汚れもさっぱり。変色を避けるため、長時間のつけ込みはやめています。

がんこな油汚れがスルリ「ゼリー石けん」

ベタベタな油汚れに効果てきめんなのがゼリー石けんです。強い専用洗剤ではなく、粉石けんで作るものなので、安心。換気扇の油汚れ落としに、1〜3か月に1回のペースで使っています。パーツを外してゼリー石けんをスプーンなどですくって塗って全体になじませ、少し放置して汚れを浮き上がらせてからお湯で洗い流します。軽く水分を拭き取って乾かします。

シロッコファンなどさびやすいパーツもあるので、手早く終わらせます。

粉石けん50gと40〜50度のお湯500㎖を用意。わが家で使っているのは「シャボン玉 粉石けんスノール」(シャボン玉石けん)。

1 ボウルに粉石けん50gを入れて、40〜50度のお湯500㎖を加えます。

2 泡立て器でダマにならない程度に混ぜ、3時間ほど放置します。

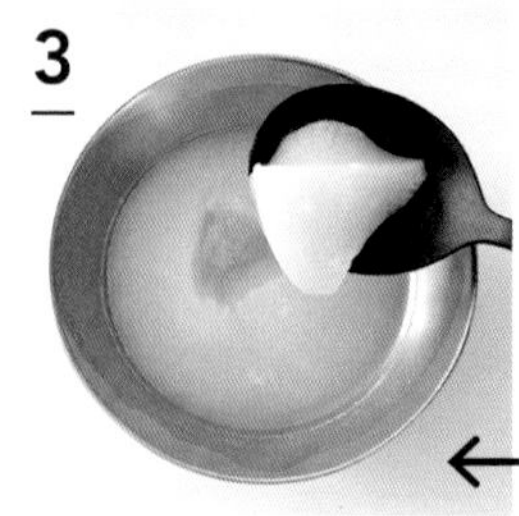

3 ゼリーのようにプルプルに固まったら完成です。ドロリとやわらかくなっても大丈夫。

油汚れに強い「セスキ水」

「セスキ水」は弱アルカリ性で、油汚れに効果を発揮します。調理後のキッチンカウンターやIHコンロのまわりは、固く絞った台ふきんにセスキ水をスプレーして拭けば、油汚れを一掃できます。セスキ水はスプレーボトルに入ったものが販売されていますが、手作りしたほうが手軽で安上がり。

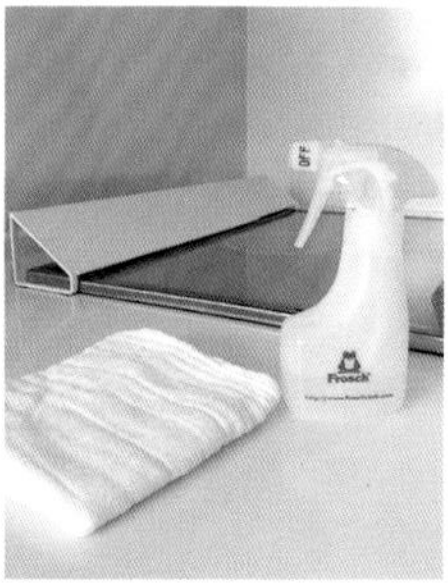

セスキ炭酸ソーダ小さじ1を水500㎖に混ぜて使います。わが家で使っているのは「アルカリウォッシュ」(地の塩社)。

焦げ落としなら「重曹ペースト」

重曹に少し水を混ぜ、歯磨き粉くらいの硬さのペースト状にして使います。IHコンロに残った焦げつきを落とすときは、スプーンですくって焦げ部分に塗り、ラップでパックして30分~1時間放置。ラップをはがして丸め、クルクル回しながらこすればしぶとい焦げもスルスル落ちます。

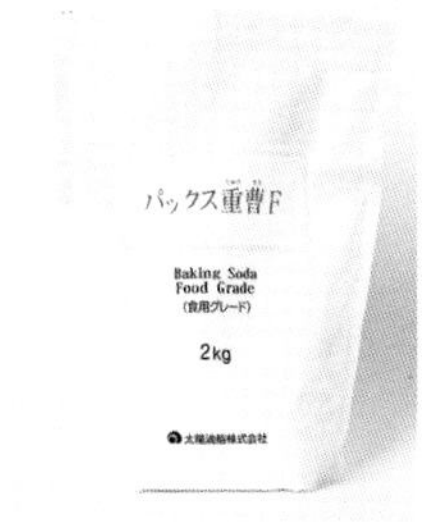

重曹は容器に詰め替えてシンク下の引き出しに。使いたいときにサッと取り出せます。わが家で使っているのは「パックス重曹F」(太陽油脂)。

茂木和哉さんの洗剤を愛用しています

油性ペンやシール跡をスルリと落とす「橙の雫」100㎖

天然由来成分のD-リモネンを高配合した洗浄剤。油性ペンやシールをはがしたあとの粘着汚れを簡単に落とせます。一般的なシールはがしで落とせなかった粘着汚れも、スルスルと落とすことができ、手放せません。

安心して使える万能洗剤「白いなまはげ」400㎖

アルカリと石けんの力で皮脂汚れや油汚れを落とす、ナチュラル成分100%のクリーナー。石けんがギリギリ泡立つくらいに薄め、スプレーボトルに入れて、フローリングの拭き掃除や窓などの手の跡拭きに使用しています。

水あかに強い「茂木和哉」200㎖

開発者の方が温泉施設のしつこい水あかを落とした経験を生かして開発した強力な水あか専用洗剤。酸と研磨剤のハイブリッド洗浄で、がんこな水あかを簡単に、安全に落とす弱酸性タイプのクレンザーです。あっというまにピカピカになるので、はじめて使ったときは驚きました。

リセットが終わったキッチンはピカピカになってきれいさっぱり。清潔感のあるキッチンで次の日も気持ちよく料理ができます。

「夜のキッチンリセット」で翌日の朝家事がスムーズに

日々、汚れ、乱れるキッチン。毎日のリセットは念入りに行っています。わが家はリビングとキッチンがつながっている間取りで目立つうえ、キッチンは手を抜くと油や水あかで掃除が大変になってしまう場所。それに、毎日ほぼ私がメインで使用し、置いてある調理道具や食器なども愛着があるものばかりで、私にとって大切な空間だということもあります。

毎晩、夕食の片づけをしてキッチンをリセットすると、今日も一日が無事終わってよかったなとホッとした気持ちになります。また、**きちんとリセットしておくことで、翌朝のスタートがスムーズになります。**

IHコンロは汚れをすぐにオフ

わが家のコンロはIHコンロ。最初は手入れ法がよくわからなくて、IH専用の焦げ落としスポンジを購入してこすっていました。汚れ落ちはよかったのですが、「〇〇専用」のものは、なるべく増やしたくない……。今は重曹をペースト状にした、重曹ペースト（21ページ参照）を使って掃除をしています。簡単に落とせるので、気になったときにすぐ取りかかれます。

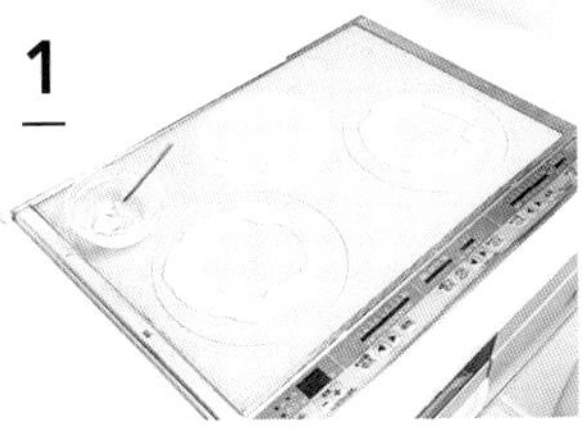

重曹ペーストを焦げて茶色くなった部分に塗っていきます。全体にラップをかけて30分〜1時間放置してパックし、焦げをゆるませます。

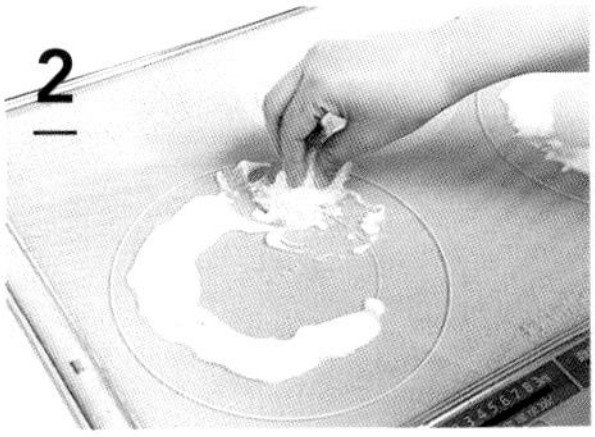

ラップをゆっくりはがしていきます。はがしたラップを丸めて、くるくる回しながら焦げをこすります。

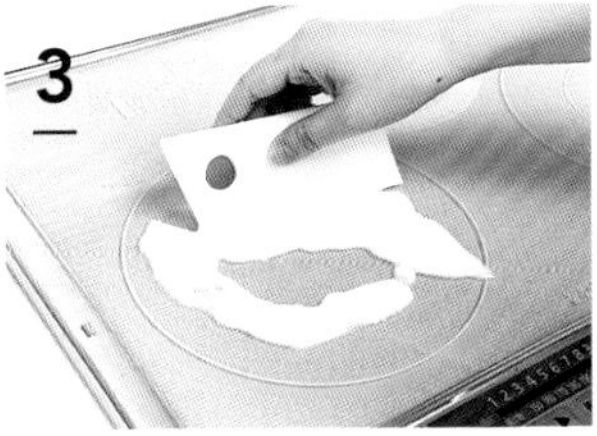

コンロ全体の重曹ペーストをスクイージーでかき集めて、ペーパータオルやティッシュで拭き取ります。

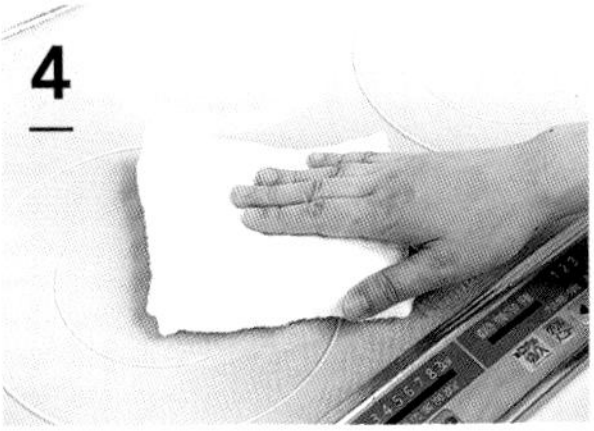

固く絞ったふきんできれいに拭き取って、「パストリーゼ77」をスプレーし、マイクロファイバークロスで磨いて完了。

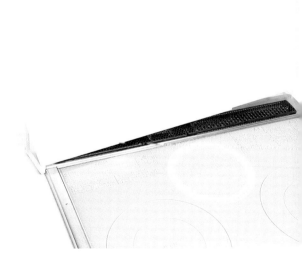

コンロの排気口には、「排気口カバー」（山崎実業のtowerシリーズ）を設置。炒め物や揚げ物をしても排気口の中に油が飛ばないので掃除がぐっとラクに。

ふきんと台ふきんは、合わせて10枚以上常備。洗って乾かしてと、順番に回しながら使用。刺し子は、ひと針ひと針進めていくのも楽しいのですが、完成後にふきんとして使うのも楽しみ。手触りが心地よく感じられます。

キッチンに立つ気持ちを上げてくれる 愛用ふきんとお手入れ法

台所道具のなかで何がいちばん好きかな？と考えると、すぐにふきんが思い浮かびます。手になじんで、台所仕事をしっかりと支えてくれる、縁の下の力持ちというイメージです。私が10年近く愛用しているのは、8枚重ねの蚊帳生地でできた「白雪ふきん」。大判でふっくらしていて、吸水性がよく、手になじむところが好き。しっかり食器に密着するので、水分をサッと拭き取ることができます。真っ白だから、色落ちを気にすることなく漂白できるところも魅力的。こぼれた醤油なども躊《ちゅう》躇《ちょ》なくどんどん拭いています。使いはじめはのりがきいてゴワゴワしていますが、お湯でもみ洗いするとのりが溶けて柔らかくなってきます。使い込むにつれて、繊維は柔らかくなり、手にも食器にもなじむようになってくるので、使いはじめてしばらくたったころが使い勝手のいちばんいい時期。さらに使い込んで、薄くなってハリがなくなったら、台ふきんとして活用しています。とうとう穴が開いたら、使い捨てぞうきんとして最後のお勤め。好きなものだからこそ、最後までしっかり働いてもらいます。

　ふきんのお手入れもこまめにしています。平日は朝食のあと、週末は昼食のあとに石け

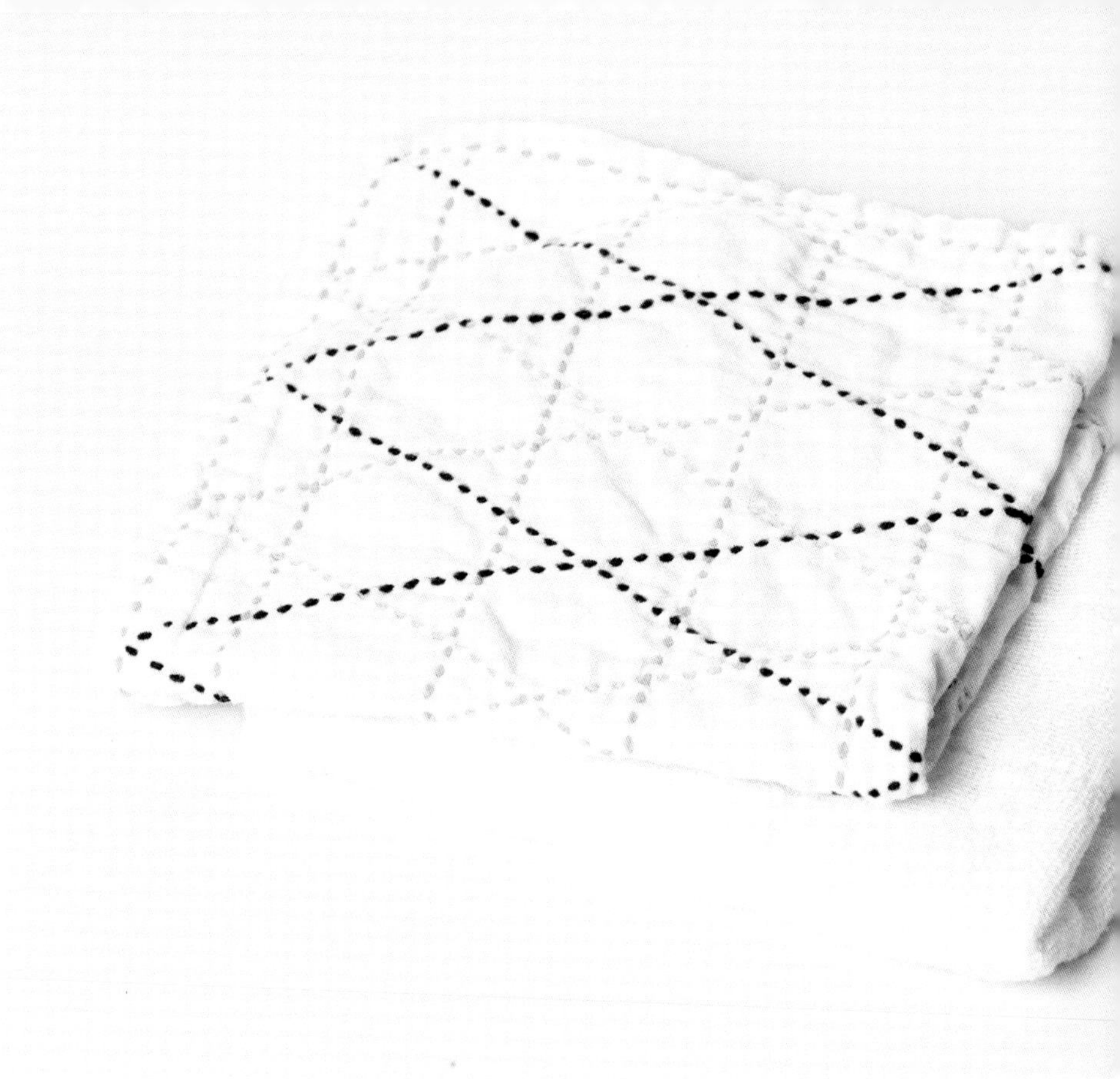

んでもみ洗いして、洗濯物といっしょに干しています。さらに夕食後は、石けんでもみ洗いしたあとに、粉末の酸素系漂白剤で漂白を。ほうろうの洗い桶に、ふきんと酸素系漂白剤（水量にもよりますが、大さじ1程度）を入れ、火にかけて軽く沸かします。酸素系漂白剤は、40〜60度の温度がいちばん効果を発揮するので、沸騰させてしまうと高温すぎるのですが、殺菌もしたいので、少しだけ沸かすことにしています。

火を止めたら、そのまま朝まで放置し、朝起きて、キッチンを整えるついでに水洗いして干します。漂白は、塩素系漂白剤を使うのがいちばん簡単ですが、生地が傷んで穴が開きやすいのが難点。

使い勝手のいいふきんは、キッチンに立つモチベーションを上げてくれます。

キッチンスペースをうまく活用できる「ティータオル」

水切りかごの代わりにジョージ・ジェンセン・ダマスクのエジプトというティータオルを使っています。ティータオルはイギリス版のふきんでティーポットなどを磨いたり、包んだりするためのもの。広げるとキッチンのワークトップ全面に敷けるほどの大判で吸水力も抜群。IHコンロ横に吊るして、いつでも使えるようにスタンバイさせています。**水切りかごがないと、場所を広く使えるのでキッチンでの作業が快適**。また、お手入れは洗濯機で洗うだけなので簡単です。

綿100％でハリのあるゴワッとした生地。吸水力が高く、乾きやすい。水切りかご代わりにピッタリなクロスです。

「美しいもの」「役に立つもの」という基準

今の家に引っ越す前は、北欧雑貨が飾られている〝素敵なインテリアのおうち〟に憧れていました。キッチンに無印良品の壁につける家具を設置して、食器やほうろうのケトル、木製の鍋敷きなどを飾っていたことも。でも、こまめに掃除できず、油が混じったほこりで気づくとベトベト。物を避けての掃除や、飾ってあるものを拭くことがおっくうだったのです。

掃除しやすく、片づけしやすい部屋を目指しはじめてからは、物欲も減り、少しずつ部屋に配置するものも減っていきました。心にとめているのが19世紀のイギリスのデザイナー、ウイリアム・モリスの「**役に立たないものや、美しいとは思わないものを家に置いてはならない**」という言葉。物を買うとき、部屋に置くときの指針です。自分では目指さなくなりましたが、素敵な家具や観葉植物、小物などがいっぱいの家を見るのは、今でも好きなので、それはそれとして、インスタグラムやブログで拝見して楽しんでいます。

マルティネリ社のアップルジュースの瓶は、コロンとしてかわいらしい形。空き瓶は花瓶として活用。先がすぼまっていて洗いにくいのですが、卵の殻を入れてよく振ると、瓶の中の汚れが取れていきます。

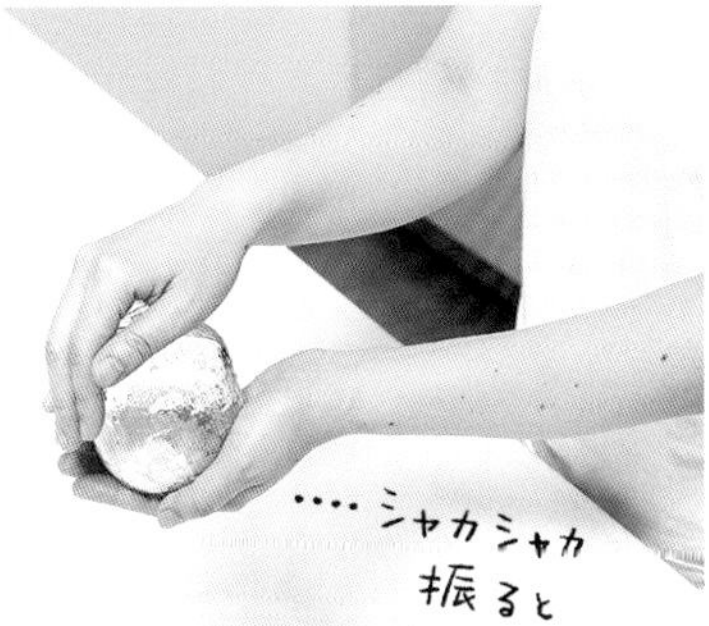

……シャカシャカ振ると汚れがスッキリ！

プジョーの塩とペッパー用のミル。役立つのはもちろんフォルムの美しさも気に入っています。

1年に一度は持ち物の総点検を

1年に一度はすべての持ち物の見直しをしています。一気にすると大変なので、衣替えのタイミングで服を見直したり、収納の中がほこりっぽくなってきたなと感じたら中のものを全部出すなど、掃除のついでに実行。「全部出し」は、押し入れ丸ごと行うときも、引き出しひとつ分だけ行うときもありますが、私は、次のような手順で進めています。

① ここを片づけよう！ と考えたら、その場所のものをすべて出してみる。

② 不要なものが出てきたら、1か所にまとめて置いておく。

③ 中を掃除して、収納ケースをもとに戻す。このとき、より使いやすい配置を思いついたら収納ケースの位置を変更。

④ よく使うものから順番に、取り出しやすい場所に収納。

⑤ 最後まで残ったものは、本当に必要かをあらためて考え、要不要の判断を。

中身を全部出して、再び戻す作業は、けっこう大変……。なので、物がこれだけならとても使いやすくて、見た目も美しい！ と感じたところで、戻す作業をいったんストップします。その時点でまだ収納できていないものに向き合うと、不要と判断できるものが見つかりやすくなります。こうして、「全部出し」をするたびに、わが家は少しずつスッキリしていきます。

手放すかどうかを決めるとき、「なぜこれを所有しているのか」を一考。頻繁に使うものや、おひな様のように1年に1回必ず使うものなどは、「必要」とわかります。また反対に、明らかなゴミはすぐに「不要」と判断できます。

みなさんが判断に迷うのは、1年以上使用していないけど壊れていないものや、高価だったもの、思い出のものなどではないでしょうか？

そんなときは、「1年に一度は手に取って、虫食いがないかなど状態を確認してお手入れしているか」「お手入れすることが苦でないほど大切なものか」「次に使うときをはっきりイメージできるか」などを考えてみると、判断の助けになると思います。私にとって「1年に一度状態を確認してお手入れする」というのは、かなり手間のかかることなので、「手入れはイヤだ、めんどうくさい！」と感じたら、手放してよいサインではないかと考えます。

ただし、ここで処分していいのは、自分のものと自分が管理しているものだけ。私の場合は、夫のもの、車関係のもの、工具など、私が判断できないものは夫に任せています。

また今は、子どものものも私が判断していますが、これは子どもの成長に合わせて、子ども自身に任せていきたいと考えています。

物は、時間がたつにつれて劣化します。使わないままに劣化して、使えなくなるというのは、とても悲しいこと。よいものでも使う予定がなく、眠らせておくのであれば、リサイクルショップやフリマアプリに出品して、次の方に使ってもらうのがよいのではないかと思っています。物の寿命は自分の手の中で終わらせなくていい、と考えると処分が進めやすくなります。

ネットなどで「これいいな」と思うものがあったときは、何度も頭の中で必要かどうかを考えてから、購入するかどうかを決めます。もし買い物に失敗したと気づいたら、できるだけ早くフリマアプリに出品して、状態のよいうちに必要とされる方にゆずるように。

キッチンの「使い勝手」をよくする工夫

キッチンは清潔感があって、使い勝手がいいことがいちばんですが、そのためには物を置かないようにして、掃除をしやすくしておきます。

わが家のキッチンは白が基調なので、洗剤やスポンジなどもできるだけ白で統一し、必要最低限のものを配置。でも物を置かないからといって、なんでもかんでもしまい込んでしまうと、殺風景になってしまうので、フォルムの美しいミルやポットを置いてインテリアとして楽しめるような工夫を。

さらに洗剤やスポンジはシンク前の壁に**「浮かせる収納」をし、作業や掃除がしやすく、見た目をスッキリさせています。**

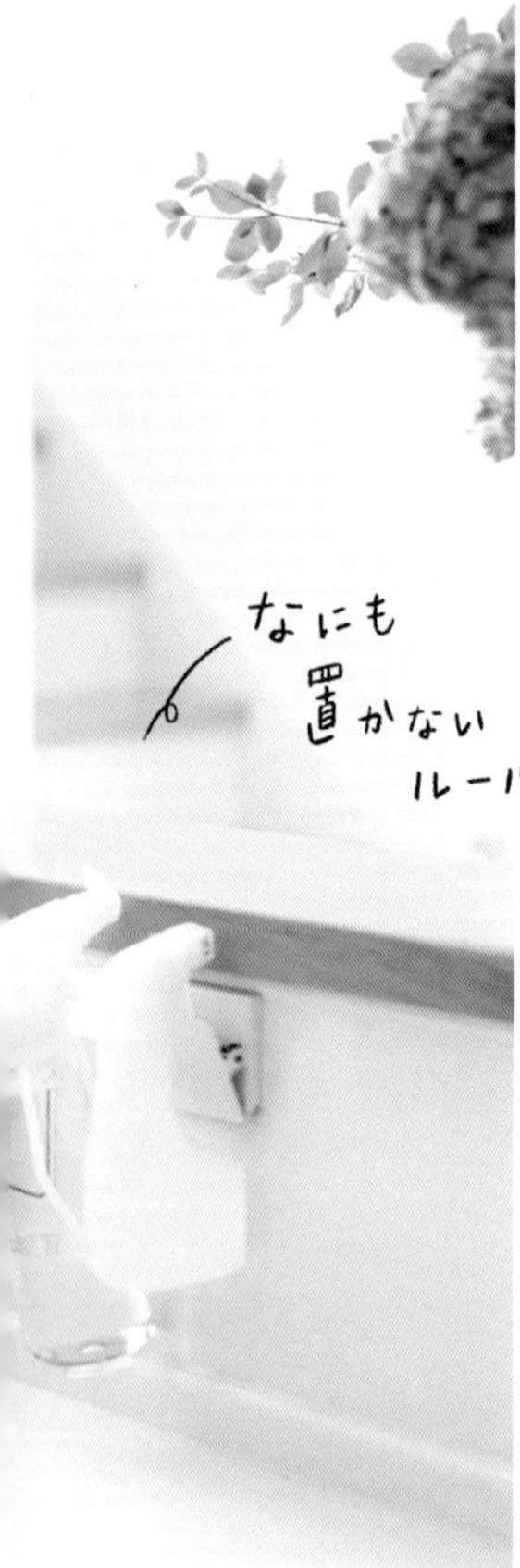

基本は〝白〟を置く

しっかりした作りで、インテリアにもなじむ美しいデザインのふきんかけ（山崎実業のtowerシリーズ）はシンク横のスペースに設置。レックの「キッチンスクレーパー」と、Tidyの「S Hook」に亀の子束子の「白いたわしホワイトパーム」をハンギングしています。

キッチンスポンジは吸盤ホルダーに、食器用洗剤は無印良品のボトルに詰め替えて壁に貼りつけたフックへ。泡スプレー洗剤と手作りの「セスキ水」は、インスタグラマーのおさよさん（@osayosan34）のアイデアを参考に、100円ショップの強力マグネットクリップでハンギング。

洗剤のボトルはOtel（オテル）の「マジックシートフック」に取りつけています。パリのアパルトマンをイメージしたというシンプルデザインのシートフックシリーズです。しっかりくっつき強く押してもずれることはないのに、何度も貼り替えが可能。

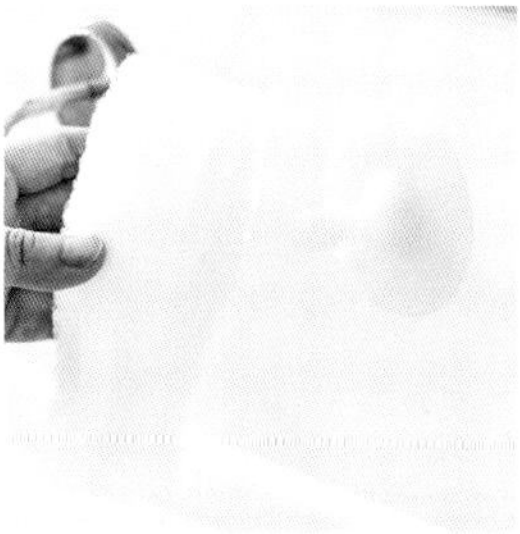

吸盤ホルダーはマーナの「POCO」というスポンジについていたもの。スポンジはマーナの「おさかなスポンジ」。好きなところに吸盤を取りつけポコッとはめるだけ、通気性がよくスポンジを清潔に保てます。

ダルトンの「マグネティックソープホルダー」を使用。石けんを宙に浮かした状態で収納できる、吸盤式のソープホルダーです。水が切れやすいので、いつでもサラサラの石けんが使えるのは気持ちがいいし、衛生面も安心。

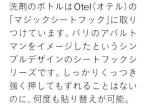

収納力アップのために使っているのは、無印良品の「アクリル仕切棚・大」と、山崎実業のtowerシリーズ「ディッシュストレージ」。空間を2段と3段に活用できるようにしています。

食器棚はひとつでいい

食器棚は、ふだん使う食器だけを入れて、できればスカスカなくらいがちょうどいいと思っています。前は「来客用にたくさんの食器を持っていないと」とか「いろんな種類の食器を楽しみたい」と考えたこともあったのですが、所有の労力を考えて、やめました。

わが家の食器棚はひとつだけ。スペースを増やしてしまうと、あれこれと食器を買い足したくなり、管理できなくなると思うからです。空間に余裕があることで棚全体に見通しがきき、奥のものも取り出しやすくなるし、掃除もラク。どこに何を置くかを決めているので、出し入れもスムーズです。

食器やグラスは使うものだけ、好きなものだけ

シンプルで汎用性が高いもの、かわいらしくて暮らしに彩りを添えてくれるものを選んで使っています。ほとんどが波佐見焼やイッタラ、アラビアの食器。どれも使い勝手がよく、形もデザインも飽きがきません。

来客用のお皿は持たないことに。足りないときは紙皿を追加します。飲み物用のコップは紙コップでは味気なく感じるので多めに持っています。

BARBAR（馬場商店）の蕎麦猪口（波佐見焼）。デザインが豊富なので、家族それぞれが好きなものを選びました。毎朝ヨーグルトを盛りつけたり、小鉢として活用。

無印良品のくらわんか飯碗（波佐見焼）。夫の両親を家に招くことがたびたびあるので、2人分の客用茶碗として購入しましたが、みそ汁や煮物も盛りつけられるので、毎日のように活用。

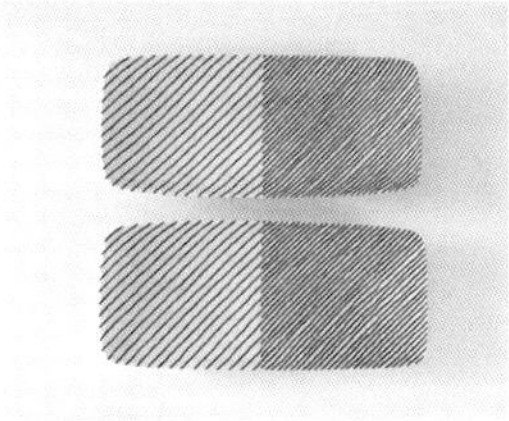

白山陶器の重ね縞の長焼皿（波佐見焼）。白地が美しく、ふぞろいな縞模様が味わい深いお皿。焼き魚や刺身、おにぎりなどふだんの料理が不思議と映えます。

イッタラのTeema（ティーマ）シリーズ。常備しているのはどんな料理でも使いやすいベーシックなホワイト。洋皿としてはめずらしく、縁の立ち上がりがついているので、汁気の多いものでものせられて便利。

ずんぐりとしたフォルムがかわいらしいイッタラのLempi（レンピ）。ワイングラスとしてはめずらしい形だと思います。ワインはもちろん、ビールやジュースを入れて使っています。

フィンランドのガラスメーカー、イッタラのKartio（カルティオ）。飲み口の感触がよく、適度な厚みで安定感、耐久性もしっかり。底の厚くなっているガラス部分の色が美しいグラスです。

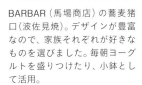

臭いがつきにくく衛生を保ちやすい、ほうろうとガラスの容器を愛用。どちらもスタッキングして収納し、冷蔵庫のスペースを効率よく活用。週末に作り置き調理をすると、すべて作ったおかずでいっぱいになります。

保存容器は種類をそろえて

保存容器は作り置きやその日残ったおかずを保存するために使っています。結婚当初はいただきものや100円ショップのものを使っていましたが、今はお気に入りの保存容器のみを。保存容器をそろえたきっかけは、食材を1週間分まとめ買いして作り置きおかずを作るようになり、冷蔵庫の使い方を見直すようになったことから。冷蔵庫をより使いやすくするには、バラバラの保存容器だとうまく重ならなかったり、整って見えなかったりするのですが、同じ保存容器にまとめることで解決しました。

愛用しているのは野田琺瑯の「ホワイトシリーズ」とイワキの「パック&レンジ」。この2種を大小そろえて使い分けています。

「1日1捨て」を家を整えるきっかけに

消毒薬や虫刺され軟膏などの外用薬や、体温計や胃腸薬などの内服薬。バラバラにしておくと、いざというときに探すのが大変なので、仕切りがあるボックスに。ひと目で見渡せるように収納することで、全容を把握できます。

保存容器やふきんは、食器棚の定位置に、まとめてスタッキング。ここに入りきらないものは持たないようにしています。

2020年の前半、新型コロナウイルスの影響での長く続いた自粛生活。気づけば「家の中のものが増えていた」という方も多かったようです。そこで、試してみたのが「1日1つを捨ててみること」。不要なものを判断するトレーニングになります。**小さなものでも不用品を処分するクセがつけば、しだいに大きなものを思い切って処分する勇気が出ます。**

処分する基準となるのは「もう使わないもの」。数年使っていないものなら、今後の出番もおそらくないので処分の対象になります。私が最近捨てたのは、100円ショップで購入した、スマホカメラのリモコン。私にはスマホカメラのタイマー機能のほうが使いやすく、一度しか使用しませんでした。100円とはいえ物選びは慎重にしないといけない……。

そして「いつのまにかたまっているもの」も要チェック。買ったものではなくても、自然と家に入り込んでいるものがあります。たとえば輪ゴムやクリップ、紙袋など。日ごろ、何気なく目にしているものは「あえて、要・不要の目線」で見ないと、捨てるきっかけがなかなかないものですが、「1日1捨て」はそのよいきっかけとなります。

冷蔵庫収納はムダを出さないマイルールで

家の収納や管理でいちばん難しいと感じているのが食材、そのなかでも奥が深いのは冷蔵庫だと思います。ただ食材が少なくて、見た目がきれいであればいいわけでなく、家族の元気と健康のもとになる料理がスムーズに作れるような状態にしておかなければなりません。

また数日で食べきるものや、数か月持つ冷凍食品まで、保存期間はさまざまなので、うっかりしていると腐ってしまったり、冷凍室の底で霜だらけになったり。さらに1日のうちに何度も出し入れするので、汁がたれたり、こぼしたりして汚れやすいため、衛生面にも注意が必要。そのため**食材は冷蔵室の段ごとに分けて管理するようにしています**。いちばん上の段は粉類を収納し、取っ手つきのボックスの中には使いかけのカレーのルウや、詰め替えで余った粉類などをまとめています。上から2段目は作り置きを置くスペースで、右の箱には納豆や卵豆腐などを。3段目にはヨーグルトやプルーンやみそなど。いちばん下はご飯と、夫の夕食を入れておいたり、すぐに食べきりたいものを置くスペースにしています。

卵は最近まで購入した日を油性ペンで1個1個記入して鮮度管理をしていましたが、今は買ってきたときのケースのまま収納。賞味期限のラベルが見える側を手前にしてドアポケットへ。

4段目の左は空きスペース。平日は朝食の準備ついでに夫のお弁当を詰め、同じものをプレートに盛りつけて自分の昼食にするのですが、この空きスペースに入れておけば、お昼にチンするだけなので、ラク。

ドアポケットは見やすさ重視。いちばん下は牛乳や水だしなど、背の高いもの。2段目と3段目は調味料。いちばん上がジャムなどのパン関連のもの、と大きく分けています。

詰め替えで入りきらなかった粉類のストックや使いかけのカレールウ、かつお節などは、そのまま入れるとごちゃついて迷子になりやすいので、専用のボックスにまとめて。取っ手つきなら出し入れも簡単。

冷蔵室の中

冷蔵庫の下2段。青じそはコップに水を入れた中にさして、ラップをかけておくと長持ちします。ふだんは余ったご飯や、私の昼食、夫のお昼ごはんを入れるフリースペースになっています。

冷蔵庫の上2段。ほうろう容器の奥には、粉類が並んでいます。中身が見えない容器には料理名を書いたマスキングテープを貼っています。

冷凍室の中

食器棚の引き出しに、食品名を書いたマスキングテープを貼ったダブルクリップをまとめて収納。保存袋に入れたら、上部につけて冷凍室へ。

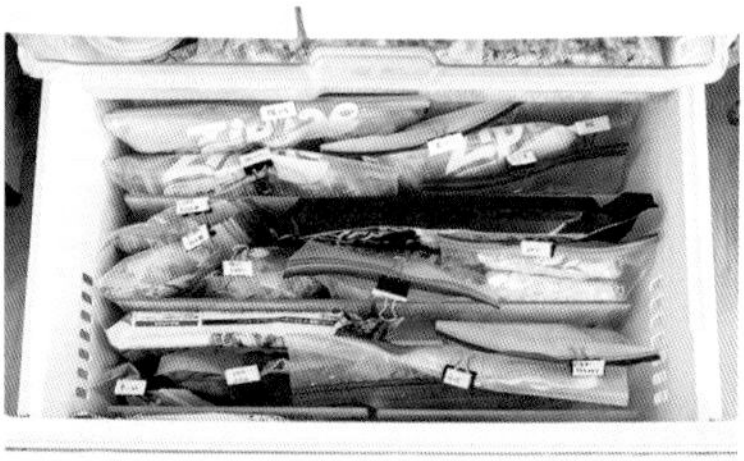

無印良品の「アクリル仕切りスタンド」を2つ入れて、立てて収納。ダブルクリップに中身を書いたマスキングテープを貼り、上からひと目でわかるように。これは「おさよさん(@osayosan34)」のワザを参考にしました。

しまい方の工夫

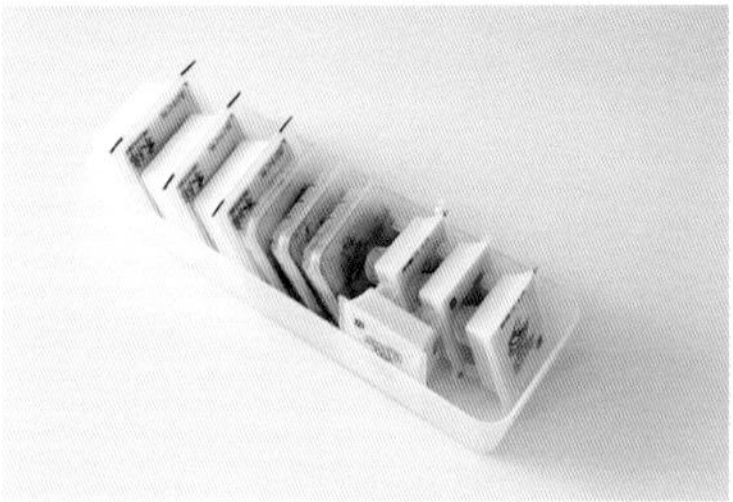

細長いケースは無印良品の整理ボックス。包装を外してバラバラにし、一列に並べておくとすぐに取り出せ、残量が把握しやすいです。

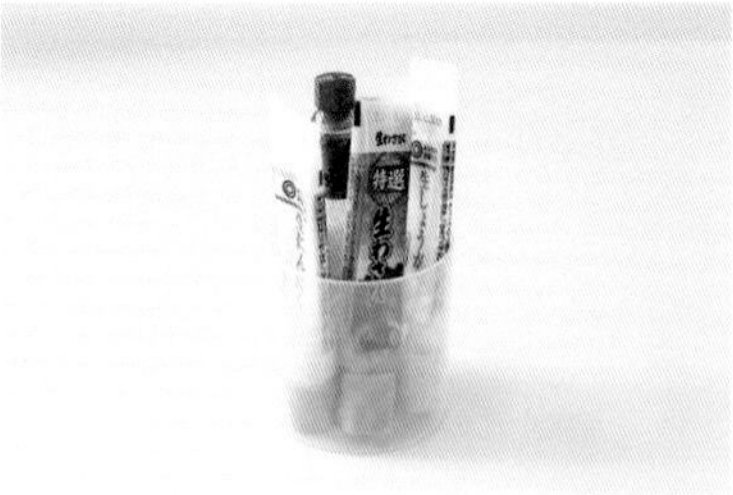

チューブ類やタバスコを入れているのは綿棒の空きケース。ばらついたり倒れやすいものもここにまとめておけば迷子になりません。

冷蔵庫の前面

マグネットキッチントレーホルダー（山崎実業のtowerシリーズ）を利用して、ブックスタンドに。本のサイズに合わせて設置でき、レシピ本をしっかりはさめます。

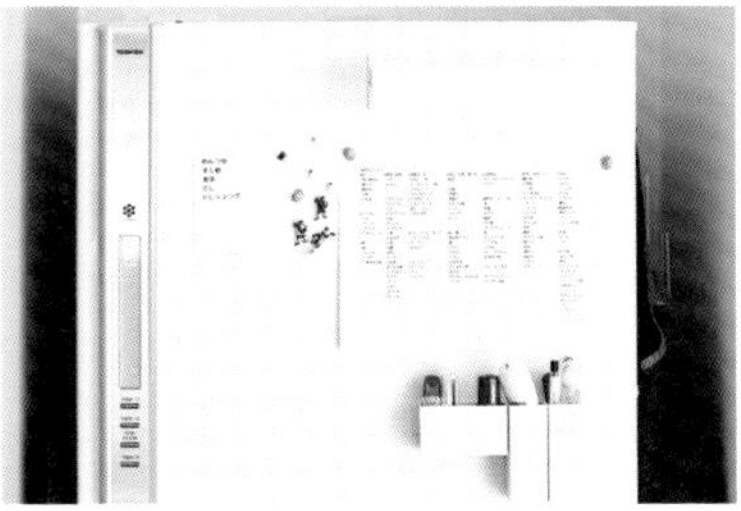

ペンやメモなど、いろいろ収納していますが、白で統一してあるので、それほど気になりません。紙類を留めるマグネットは小さいもので遊び心があるのものを使っています。

よく使うペン類、子どもの熱を測る体温計、印鑑などを高さ別に入れて見やすく、取り出しやすく。無印良品の仕切付ポケットと、「ペンポケット」を設置。

こまごましたものを収納するボックスは、無印良品の「マグネットバー」を使用。

冷蔵庫の側面

冷蔵庫と壁のすきまにはエプロンを収納。マグネットフックなら自分の手に取りやすい場所に合わせて設置できます。

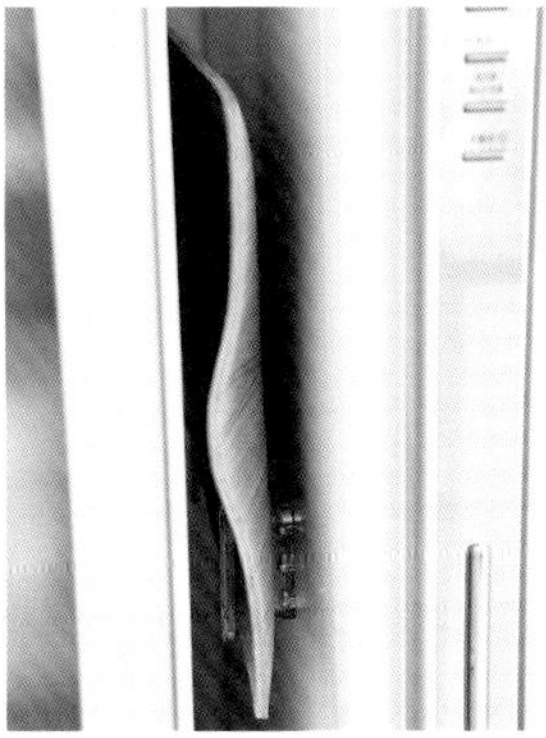

冷蔵庫と食器棚のすきまにはトレイを収納。マーナのブッククリップ「HAPPY COOKING」を使用（廃番品）。

衣替え、季節物の収納をスムーズに

20代のころはいろんな服を着たくて、たくさんの服を持っていました。自宅で洗えない服も多く、クリーニングの出費もかさんで大変でした。今は自分の定番服が少しあれば満足なので、最小限に。しかも、子どもといっしょに過ごすと服をよく汚されるので、礼服以外はすべて自宅で洗えるものを買うようにしています。

衣替えは衣類カバーをかけ替えるだけに。ウールのセーターなど、虫食いが心配なものは新しい防虫カバーをかけ、それ以外は古い防虫カバーか、不織布のカバーを。ハンガーはおもに無印良品の「アルミ洗濯用ハンガー」を使っていますが、型崩れが心配なセーターや、襟ぐりが広く開いた形のワンピースなどは、ハンガーの跡がつかず、ずり落ちないマワハンガーを使っています。衣替えのタイミングで、着なかった服、傷んだ服なども処分します。

以前はリサイクルショップに売る服が多かったのですが、**服の量を最低限に減らしてからは、くたくたになるまで着て処分することが増えたので、ほとんどウエスにするか、資源ゴミに出すようになりました。**昔は1日がかりだった衣替えも、今ではすきま時間にできるようになりました。

子ども服の管理はお下がりやサイズアウトした服の入れ替えもあり、大人の服に比べてやや複雑です。わが家の子ども服は、親せきや友人からのお下がり↓長女↓姪っ子↓次女↓甥っ子、とぐるぐるお下がりを回しています。そのため、季節の変わり目には服の入れ替えだけでなく、いただいたお下がりの取捨選択と収納、サイズアウトした服をお下がりとして送る作業が発生します。サイズアウトした服は、状態がよいものをお下がりに回し、傷んだものはウエスにしたり、名前を書いたタグを切り取ってから資源ゴミへ。この、不要になった服を分類しながら家から出していく作業は、気分もスッキリ、けっこう楽しいものです。

子ども服のお下がりの保管はSeriaで購入した段ボール箱、「Plenty Box」で。防虫剤と防湿剤といっしょにポリ袋に入れてからしまい、表面にサイズを記入。

夫のワイシャツはすぐに取り出せるようにハンガーにかけて収納。ノンアイロンのものを選んでいるので、アイロンがけも不要。

クローゼットの中。手前が今使っている服。奥側がシーズンオフの服で衣類カバーをかけて収納。衣替えはこれを逆にするだけです。

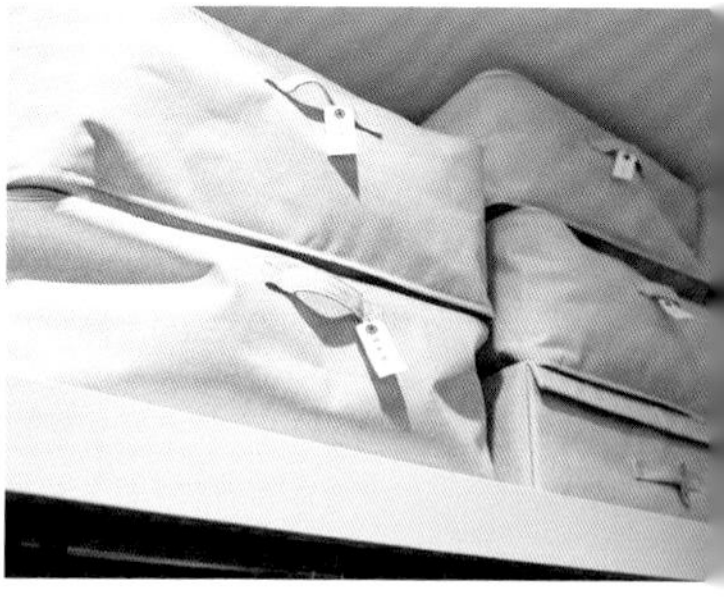

シーツは年間共通で、夏はさらに冷感敷きパッド、冬は敷き毛布を使います。シーズンオフは除湿剤といっしょにポリ袋に入れ、無印良品のソフトボックス・衣装ケースに収納。持ち手部分に中身を書いた荷札をつけて、ひと目でわかるように。

大容量の収納ほど綿密に計画を立てる

リビングのメイン収納が、天井まである大容量の棚。ここにはリビング周辺で使う使用頻度の高いグッズをまとめています。容量が大きいため、引っ越しの際、とくに綿密に計画を立てて収納を考えました。

まず、リビングで使うものを文房具、書類などに**グループ分けしながらリストアップ**。使用頻度の高さや、子どもの手が届かない場所に保管するなど気がついたことをメモ。そして収納の絵を描き、収納庫の内側のサイズを測ってサイズを書き込みました。手持ちの収納グッズ、無印良品、ＩＫＥＡ、ニトリのカタログやホームページを見て、収納の組み合わせを検討、どの収納を組み合わせるかも、絵に描き込んでいきました。

ようやく、コレ！　という収納方法が決まってから、不足している収納グッズを購入し、あとは絵のとおりに収納。

最終的にストック、薬やカメラ、小物や文房具、ＰＣ、書類、写真など段ごとにスッキリとまとまりました。そして誰でもわかるように、すべての引き出しやボックスにラベリング。どこに何が入っているか、パッと見渡せるようになりました。

すべての収納ケースに読みやすい文字でラベリングしてあるので、すぐに取り出せます。

リビング中央にある、わが家のメインの収納棚。ムダなすきまを作らないように収納グッズに合わせて棚を設置。

書類整理は出し入れに迷わないようこまかく、こまかく分類

書類はざっくりと無印良品のファイルボックスに分類。中の分類はペーパーホルダーで。ファイリングするより、出し入れがスムーズです。保管期限を決めているものは、保管期限もラベリング。

ペーパーホルダーの中に入れる書類が複数の内容にわたる場合は、クリアファイルでこまかく分類。

書類は収納場所に迷うと、ついついめんどうでカウンターの上などに放置しがちです。そのため大きなジャンルごとに、無印良品のファイルボックスに分類。「取扱説明書・保証書」「領収書／水道料金・電気料金……」「夫／会社関係・保険・銀行……」「私／会社関係・保険・銀行……」などとラベリングします。

ファイルボックスの中には、無印良品のペーパーホルダーでさらにこまかく分類。たとえば、領収書類をまとめたボックスの中は「水道料金（保管期限）」「電気料金（保管期限）」など、中に入れるものと保管期限をラベリングしています。保管期限を明確にすることで、不要な書類を処分しやすくなります。

このペーパーホルダーの中に複数の書類を保管する場合は、さらにクリアファイルに分類。たとえば、会社関係のペーパーホルダーの中には、「給与明細」「育休関連」など。**大きな枠から小さな枠へと書類はこまかく分けて管理しやすくしています。**

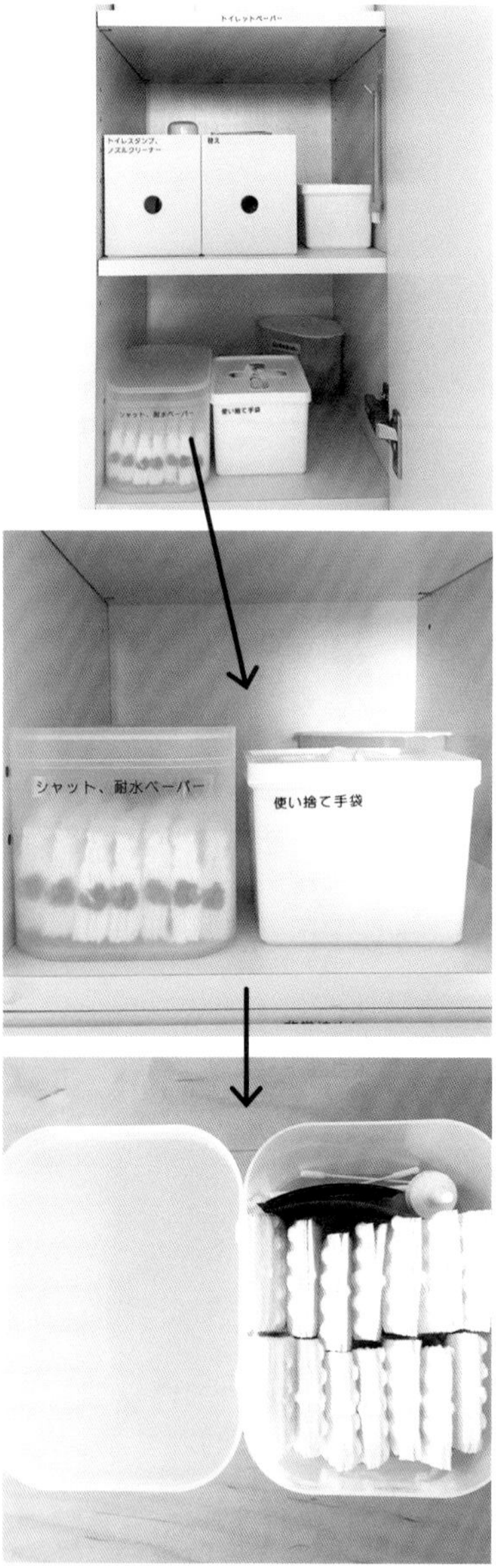

トイレ前の小さな収納棚をトイレの掃除用具入れに。下段にはトイレブラシの替えと耐水のサンドペーパー、使い捨て手袋を、無印良品の「メイクボックス」に収納。使い捨ての手袋や中身の見えないゴミ袋はSeriaの「プルアウトボックス」に収納。

キッチンの家電ラックにも書類を収納。ここには私の手帳やノート類も立ててあり、キッチンに立ちながら、予定の確認や思いついたことをメモします。子どもたちのお便りや食材注文リストなどは、クリアファイルに入れてラベリング。

収納は「ひと目で見渡せる」ことが基本

洗面所で使うもの、こまごまとたくさんありますよね。大きさも形もさまざまで、そのまま収納するとゴチャゴチャになってしまいます。わが家の洗面所には洗面台の下に、大きな引き出しがありますが、引き出すとひと目ですべてのものが把握できるようにしています。

マイクロファイバークロスや石けんなどは、重ねないで立てて収納。無印良品の「メイクボックス」を組み合わせて「こまかなもの」のばらつきを防いでいます。メイクボックスはほこりがたまっても洗えるので、汚れても簡単にきれいになり、家じゅうの収納で活躍してくれています。

引き出しの手前にはティッシュボックスやドライヤーを配置し、奥側には仕分けした掃除グッズを使いやすく収納。**引き出しを開けたとき「どこにあるかな」と迷わない**。そんなちょっとした積み重ねが暮らしをラクにするのだと思います。

取っ手にはフェイスタオルを洗濯ばさみでとめて設置。手洗いをしたあともここならすぐに手が届くので、水滴が床に落ちるのを防げます。

引き出し代わりの「かご」で食材やお弁当グッズを整理

キッチンまわりでは、無印良品の大きさの違うバスケットを棚に置いて、**引き出しのように使っています**。ナチュラルなやさしい風合いで目隠しにもなることがお気に入り。中にカラフルなお菓子を詰め込んでいても、しっかりと隠してくれます。

こまかいものを収納するときは、そのままではごちゃついてしまうので、無印良品のメイクボックスで中を仕切っています。角型バスケットには、持ち手がついているので、缶詰をぎっしり詰めて重たくなっても、出し入れがラクにできます。

かごは収納の見直しをするときに、使う場所や入れるものを自由に変更できるのも魅力です。

キッチンの食材収納には、無印良品のバスケットを引き出しのようにして使っています。

調味料のストックを入れるかご。マヨネーズやトマトケチャップは外袋から出して、使いたいときにすぐ使えるように。詰め替えの残りの砂糖は、湿気ないように保存袋に入れて。

さば缶や鮭フレークなどの日常使いの缶詰や瓶詰はこのかごの中に入る量を目安にキープ。減ったぶんは補充して、非常時にも役立つように。

お菓子入れのかご。外袋から出して小分けにして収納。バラバラにしておくと、欲しい数だけすぐ取り出せます。

レトルトパックのご飯は15個程度、常備。これも外袋から出してバラバラにしてかごへ。ご飯が足りなくなったときの予備として、持っておくと安心。

食器棚の下段のかご。夫と子どもたちのお弁当箱やお弁当袋など一式を収納し、布物は仕切りをして立てて収納。もうひとつは小さな保存瓶などの指定席に。

食器棚の上段のかご。ペーパータオルのストックは外袋から出し、お弁当用のピックやカップなどは小さなケースに仕分けしてごちゃつきや行方不明を防止。

収納はラフコンテから始めてみる

引っ越し当初、カトラリーの引き出しは、牛乳パックで仕切っていました。丈夫なうえ、汚れたら捨てて交換すればいいので機能的には問題ありません。でも、しだいに収納グッズを使って見た目も美しくしたいと考えるようになりました。そこでスムーズに作業を進めるために「収納イメージ」のラフコンテを作ることにしました。

まずは**中のものをすべて出し、本当に必要かどうかを考えながら選別**。日々使っているものやお気に入りのものは残し、それ以外は処分しました。

その後、引き出しの内側の寸法を測り、紙に収納するものをメモ。こまかく仕切って使いたいので、カトラリーのサイズや個数も記入。購入予定の収納グッズのサイズも書き込み、使用頻度の高いものは星印をつけました。こうして物のサイズや収納グッズのサイズ、取り出しやすい場所に入れる優先順位を考えながら色分けして、何をどこに入れるかを整理しました。

次はこのメモをもとに、実際に収納グッズを並べてレイアウトした絵を描いてシミュレーション。絵にしてみると「この位置は使いにくいな」「これとこれはいっしょに収納したほうが使いやすいな」と具体的なイメージがわいてきました。

ここまでレイアウトが確定したら、収納グッズを購入して、実際に引き出しに並べて物を入れていくだけ。レイアウトを見ながらどんどん収納する作業は、頭で考えたことを形にする作業なので、とてもラク。自分にとって使いやすい収納ができあがりました。

最初は牛乳パックなどで仕切っていた、食器棚下の引き出し。より使いやすくするよう、何をどこに置くか、そのベストポジションを紙に描きながら収納を考えました。

まずは中のものをすべて出して、全体の総量を把握。

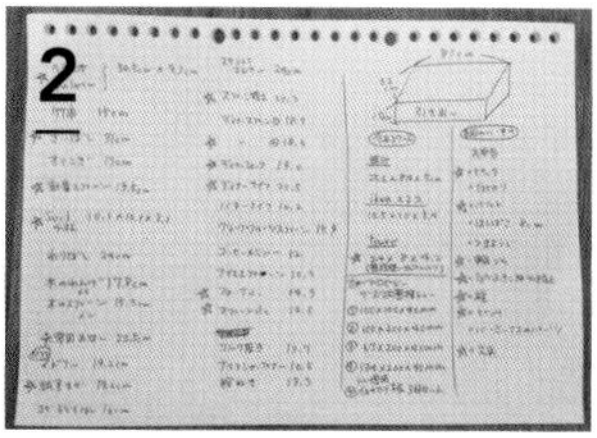

中に収納するものとその長さを記入し、よく使うものに星印を。引き出しのサイズや購入予定の収納グッズのサイズもメモ。

使わないものをピックアップして、処分や移動を。すべて出すことで、不用品を見つけやすくなります。

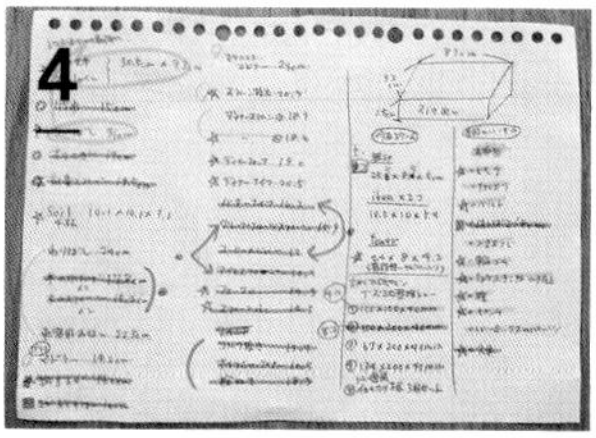

サイズを見ながら、どのキッチングッズがどの収納グッズに合うか、まとめてよいものなどを記入、色分けを。

5

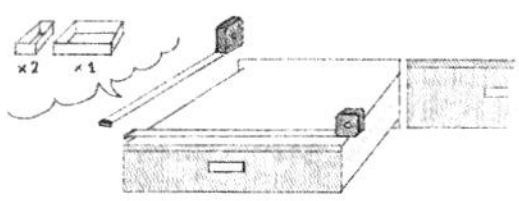

引き出しの中のサイズと、収納するカトラリーなどの長さを計測。

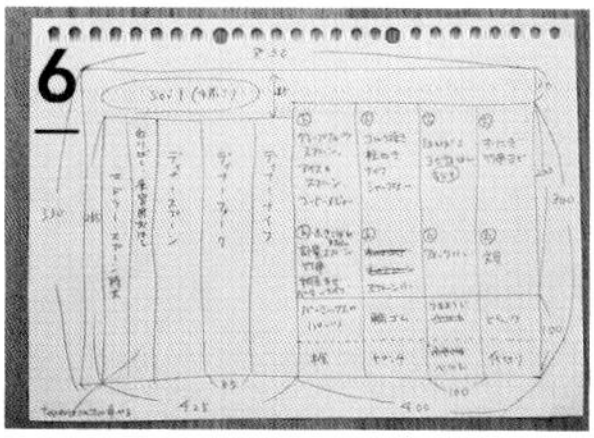

収納グッズを並べた引き出しの絵を描き、カトラリーなどの配置も書き込んでシミュレーション。

出し入れはつねに「ワンアクション」

洗濯ハンガーや洗濯ばさみは1か所にまとめて収納しておきたいものの、かさばりやすく、からまりやすいもの。以前はファイルボックスに収納していたのですが、ひとつ取り出そうとすると、別のハンガーがくっついてくることがあり、不便を感じていました。でも専用のハンガー収納ラックを使いだしてからは**ワンアクションで出し入れできるようになり、ストレスフリーに**。またピンチハンガーは壁に刺すタイプのフックを取りつけて吊るし、洗濯ばさみはサイズごとに無印良品のボックスに小分けして、より取り出しやすく。

　どれだけ「よけいな動作」を省けるかで家事のスムーズさが決まります。見た瞬間に取り出せる、欲しいときにじゃまされない、ワンアクションの家事動線を日々意識しています。

ベランダ前の物干しグッズの収納棚。ハンガーの横に置いてあるのは大木製作所の布団ばさみ、壁の上部にかけてあるのもデラックスサイズの布団ばさみ。どれもからまることなくサッと取り出せるので、布団や洗濯物を干す作業がスムーズ。

ボックスの中も、欲しいものにサッと手が届くようスッキリと。封を開けたお茶などは湿気ないように保存袋に入れて。

パントリーの中の収納棚。中段の無印良品のダンボールファイルボックスにも下段の取っ手つきプラかごにも中に入っているものをラベリング。

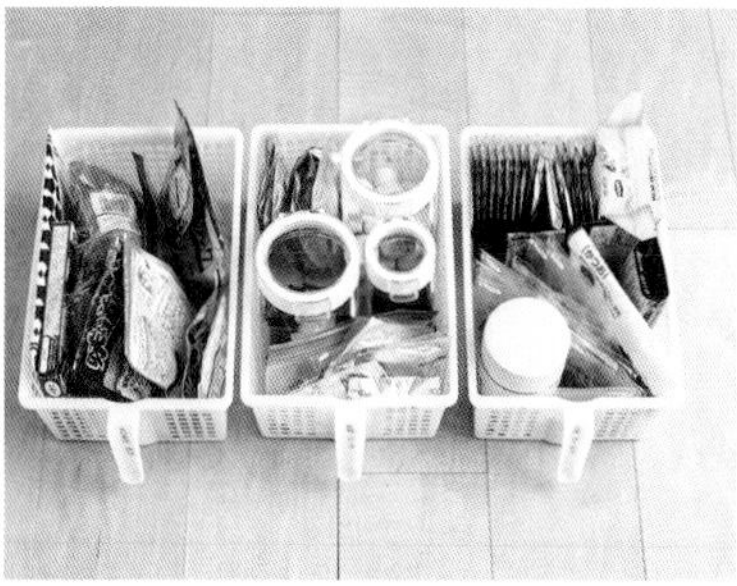

取っ手つきプラかごの中。すべてのものを外袋から出してバラバラにして収納して取り出しやすく。

湿気予防のために布団の下に敷いてあるすのこは、ロール式。コンパクトに片づけられるので、隅にまとめておけば、部屋を広く使うこともできます。

子どもグッズは年齢とともに収納を見直す

中に入っているものの写真を撮って印刷。100円ショップで買ったクリアケースの中に入れて、両面テープで貼りつけました。写真があるので子どもの片づけもスムーズ。

子どものおもちゃや洋服などは、しまってもしまっても引っ張り出されてなかなかスッキリと片づけるのは難しいもの。とくにおもちゃは、こまごましたものや大きさの違うものが多く、まとめて入れると、使いたいものを見つけにくくなってしまいます。そこで収納ボックスを2つ設置し、中のものがわかるように写真をクリアケースに入れて貼りつけました。こうしておけば子どもでも大人でも

カードゲームやパズルのピースは、無印良品の「EVAケース」に収納。ファスナーは柔らかなので、子どもでも操作しやすく、また半透明で中身が見えるのでわかりやすい。

子どもの成長によって本の種類も変わりつづけます。年齢によって使い方を変えられるように、無印良品の「ダンボールスタンドファイルボックス」に立てています。このボックスはたたむとペタンコになるので、絵本が減ったときには、省スペースで保管できるのもうれしいところ。

写真を見ながら片づけることができます。またパズルなどはファスナー袋に入れておくと、ばらつくことがなく、中のものもわかるので便利。子どもたちがよく遊ぶ、リビング横の和室にはおもちゃが散乱して整理にひと苦労していましたが、今では子どもが自分たちで片づけることも多くなりました。

リビングのカウンター下の引き出しには子どもたちの着替え、その横の棚には学校に持っていく教科書や文具などを収納。ここは子どもの手が届く高さなので、**指定席さえ決めておけば、成長とともに自分で着替えを出したり、持ち物をしまったりすることができます。**このコーナーだけで朝の準備は整うので子どもたちの動線も短くてすみ、私自身もラクになっています。

しまい場所、しまい方は変化する

子どものコート&バッグかけの上に帽子などのお出かけグッズをひとまとめ。低い位置なので子どもが自分で取り出せます。外仕事で使う手袋や軍手もここへ。

「大きな収納スペース」は片づけに取りかかるのが大変。たくさんのものの移動や移動にともなう掃除があるので、気分も重たくなってしまいます。わが家のいちばん大きな収納は、パントリー兼玄関収納。かばんや掃除用具、靴、工具などの収納のメインスペースとして使っています。

片づけに着手するのは、まず「**置き場所がはっきりしているもの**」から。たとえば靴。棚の段ごとに人別で分けています。履いていない靴や、サイズアウトした靴が混ざっていないか、ときどき見渡しています。そして「**置き場所は使用頻度で考える**」。わが家の玄関収納は、踏み台が必要になる高い場所や、コートかけの陰になる場所など、出し入れしにくいスペースがあります。そのため、使用頻度が低いもの

靴は、収納棚の上段から、夫、私、長女、次女と身長順に収納しています。下段には子どもたちの外遊びグッズを、奥まったところの高い位置にあるハンガーパイプには、大人用のコートを。

は出しにくいスペースに、頻度の高いものはすぐ手が届く場所に収納します。このとき、使用頻度が低いものは注意が必要。とりあえず場所があるから置いておこう、と収納すると不用なものが増える原因に。使用頻度が低いものこそ、年に1回以上は、要不要を確認する必要があると思います。

しまい場所も、しまい方も家族のライフステージとともに変化します。大切なのは家族といっしょに収納を考えること。小学生の長女にもたまに相談してみるのですが、いろいろな意味で驚きのアイデアが出てきます。なかなか採用には至りませんが、否定しないように気をつけ、「自分の持ち場は、自分で」の意識を持ってもらいたいと思っています。

物を浮かせば、掃除が圧倒的にラクになる

水まわりは物が多いほど、カビが生えやすく掃除もしにくいので「浮かせる収納」を徹底しています。たとえば洗面台。直接物を置かないようにしているので、毎日サッと水気を拭き取るだけで水あかがつくこともなく、いつもカラッとしていて衛生的です。

そして浴室内。石けんはダルトンの「マグネティックソープホルダー」に、洗剤や洗面器も吸盤や面ファスナーを利用してすべて「壁収納」に。

掃除はそれ自体より、じつは掃除前の「物の移動」がおっくう。その手間がなくなるだけで、「やらなきゃ」という気持ちの負担がかなり減ります。

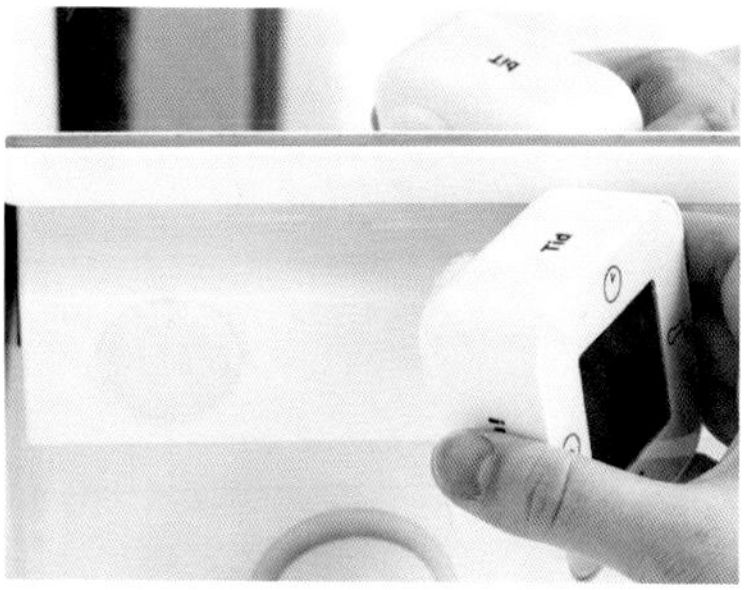

朝は時間との戦い。ここにデジタル時計を設置しておくと、時刻がすぐにわかります。面ファスナーで洗面台にペタリ。

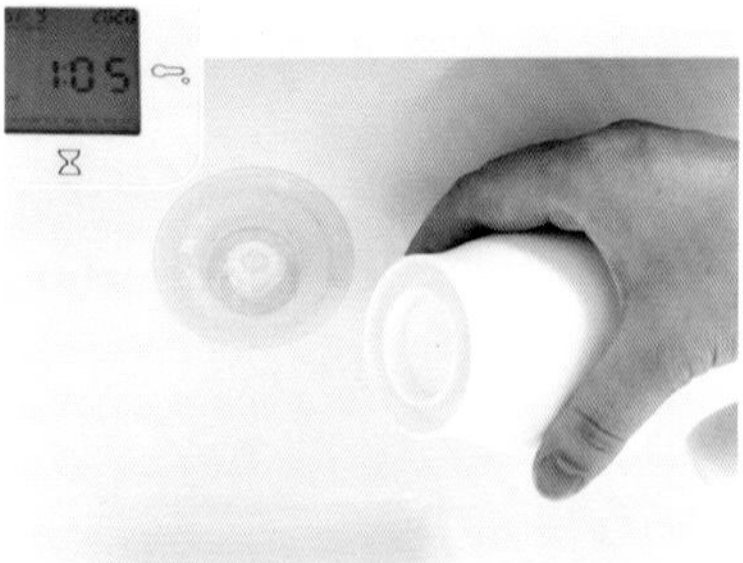

吸盤で洗面台にくっつけられる、三栄水栓製作所の歯磨きコップ「basupo」を使用。中に水がたまることがないので衛生的。

物を吊るすことで広々と感じる洗面台。歯ブラシも浮かせる収納に。水滴が落ちてもたまることがないのでカビ防止に。

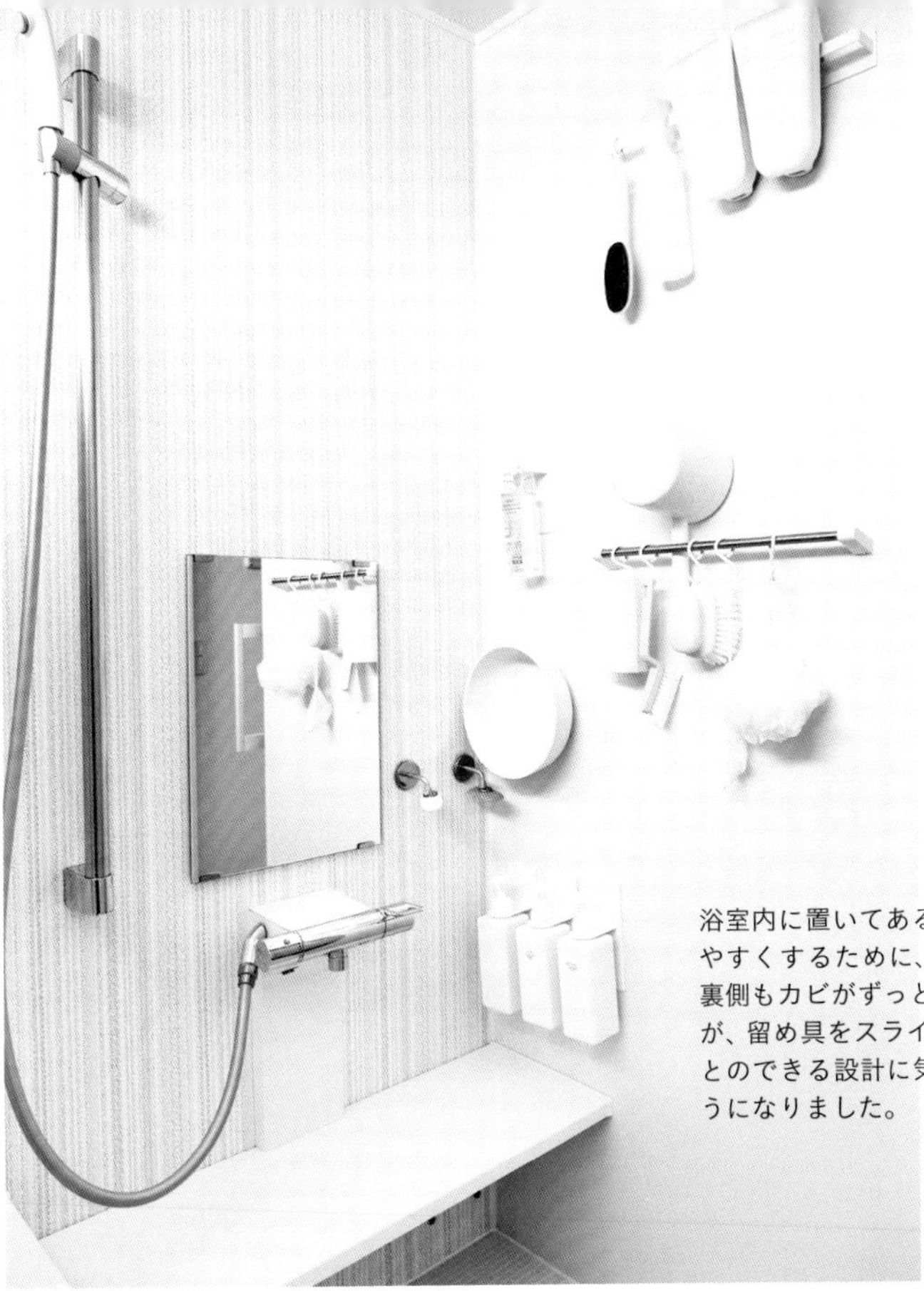

浴室内に置いてあるものは、水気を切りやすくするために、吊るす収納に。鏡の裏側もカビがずっと気になっていましたが、留め具をスライドすると鏡を外すことのできる設計に気づき、掃除できるようになりました。

マーナの「マグネット湯おけ」。底にマグネットがついていて、壁にくっつけることができます。マットな質感とかわいらしい形も気に入っています。

シャンプーやリンスも無印良品の「PET詰替ボトル」と、山崎実業のtowerシリーズの「マグネットバスルームディスペンサーホルダー」を組み合わせて浮かせる収納に。

スポンジやブラシなどの掃除道具はポールにTidyの「S Hook」でぶら下げています。無印良品の手桶もポールと壁の間に差し込んで床置きしないように。

収納グッズはシンプルで使い回せるものを

シンクの下には手拭きタオルをダルトンの「タオルホルダー」で吊るしています。タオルをはめ込むだけで、場所を取らずとっても便利なので長く愛用しています。

キッチンの家電棚の下にあるゴミ箱。システムキッチン付属のもので、使用しないときは見えないように収納できます。

収納グッズはシンプルで使い回しがきくものを選んでいます。ひとつひとつバラバラにでき、組み合わせたりして自由に使えるものがおすすめ。

　たとえば、サンカの「フロック」という収納ボックスは、ひとつひとつを別々に使用しても、積み重ねても使用可能。サイズも豊富なので必要なものを組み合わせることができます。

　また、収納グッズは白を選択。色を統一することで、見た目もスッキリと整います。

　引き出しや収納ボックスの中は、こまかいものをしまうとばらついてどこに何が入っているのか把握しにくくなります。その場合は、中で分類すること。仕切りになる小さなボックスを入れたり、ジッパーつきの保存袋で小分けすることも意識しています。

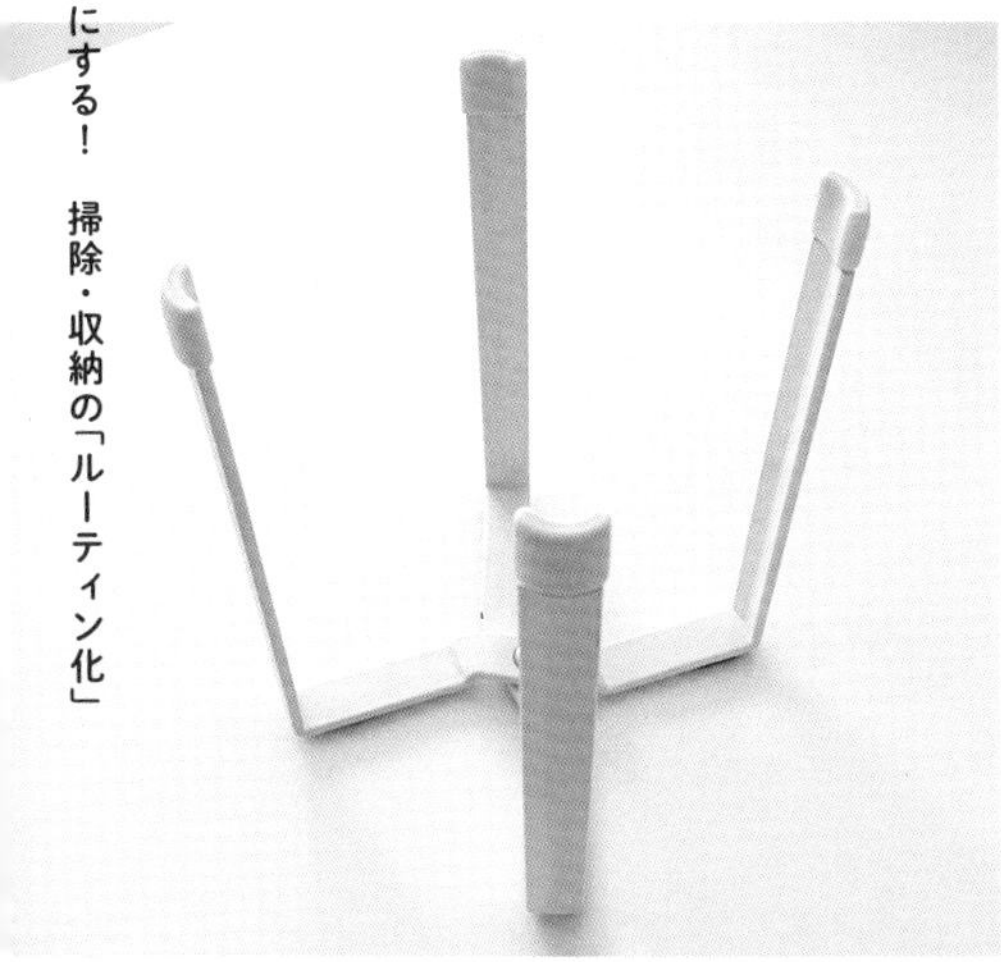

わが家には三角コーナーがありません。料理をするときは、折りたためるタイプの「ポリ袋エコホルダー」を使用。広げてポリ袋をかけるだけで生ゴミ入れの完成。

玄関収納の中に置いている山崎実業のtowerシリーズの「ダンボールストッカータワー」。以前は同じ場所にダンボールを立てて収納していましたが、ストッカーにのせることで、「きちんと収納されているように」見えます。

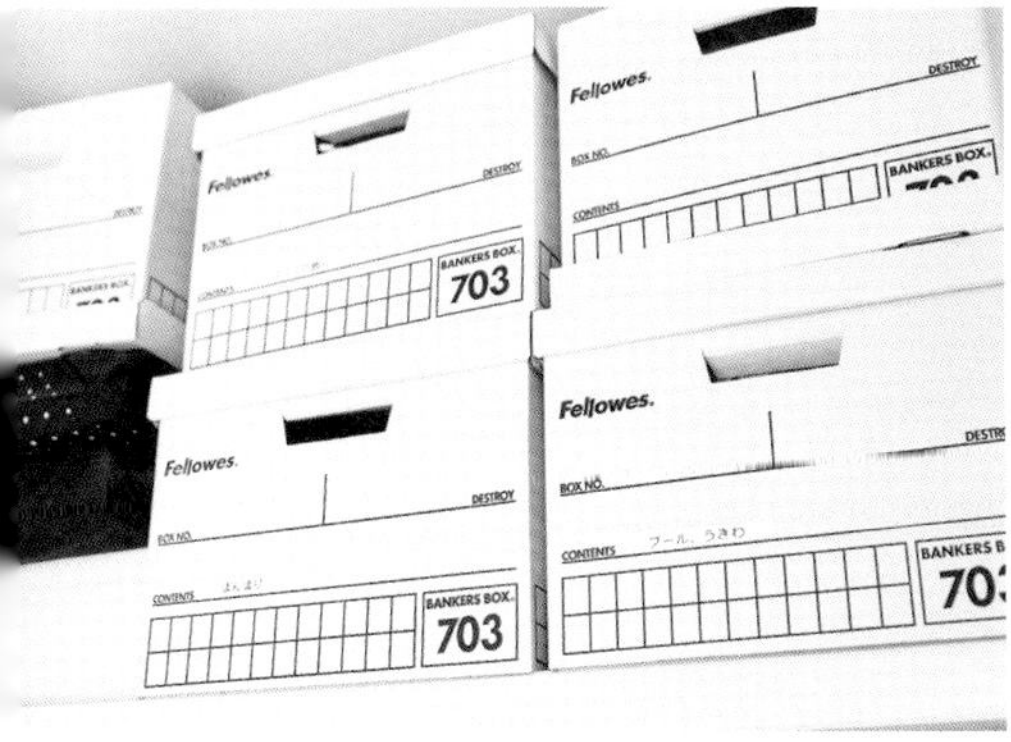

組み立て式のフェローズジャパンの「バンカーズボックス」を重ねて、クリスマスグッズやおひな様、プールなど、季節物をイン。大きなポリ袋に除湿剤と乾燥剤とともに入れて収納。

サンカの「フロック」という収納ボックスにはアウトドア関連のものを収納。これはふたが前に開くタイプの収納ボックスなので、簡単に取り出せます。

Column

たくさんの「いいね！」をもらった日常の工夫

インスタグラムで家事の工夫や、使ってよかったものなど暮らしの話題をアップすると、さまざまな反響があります。ここ最近で多くの方から支持していただいたものをご紹介します。

引き出しに入れる袋の収納とたたみ方

紙袋は持ち手を袋の中に折り込んで、底を口に入れ込んで折りたたみます。レジ袋はどのサイズでも縦に2回、横に2回折ります。同じ折り方をすることで、ひと目でサイズ感がわかります。

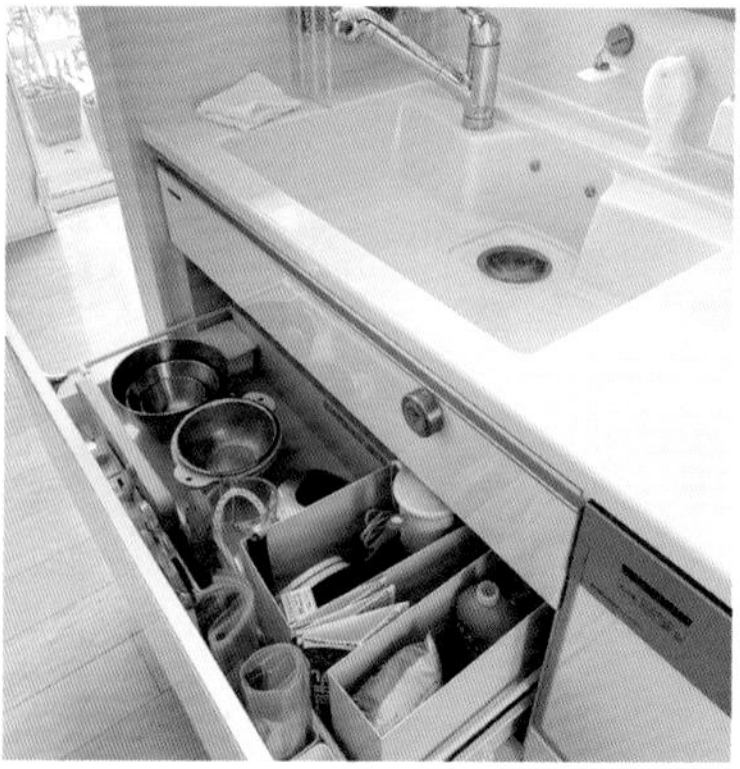

シンク下の深い引き出しに収納しているのは、新品の保存袋大・小、再利用する保存袋、ゴミ袋用のポリ袋の3種です。それぞれ収納ケースに入れて仕切りをしているので、欲しいものがすぐに取り出せます。

浴室の鏡の丸ごと外し

浴室の鏡の上部についている留め具。ある日上にスライドしてみたら、なんと鏡が外れました！　以来、鏡裏のカビが気になるときなど、外して掃除しています。

浴室の扉の丸ごと洗い

浴室の掃除をすると、扉の下の部分の水あかがスッキリ取り切れず、いつも気になっていました。わが家の浴室の扉は引き戸のため、よく見るとふすまのように持ち上げたら外せるかも？ とやってみたらすぐに外れました。扉を横にして、上下の溝を洗剤と歯ブラシでこすると簡単にきれいに。

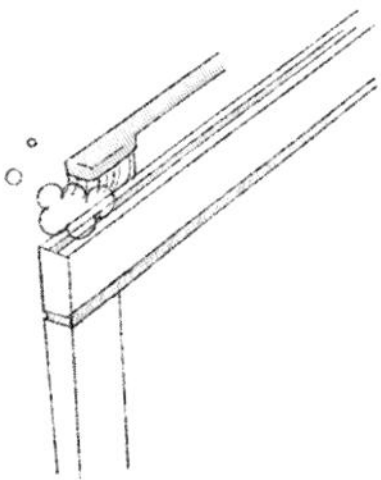

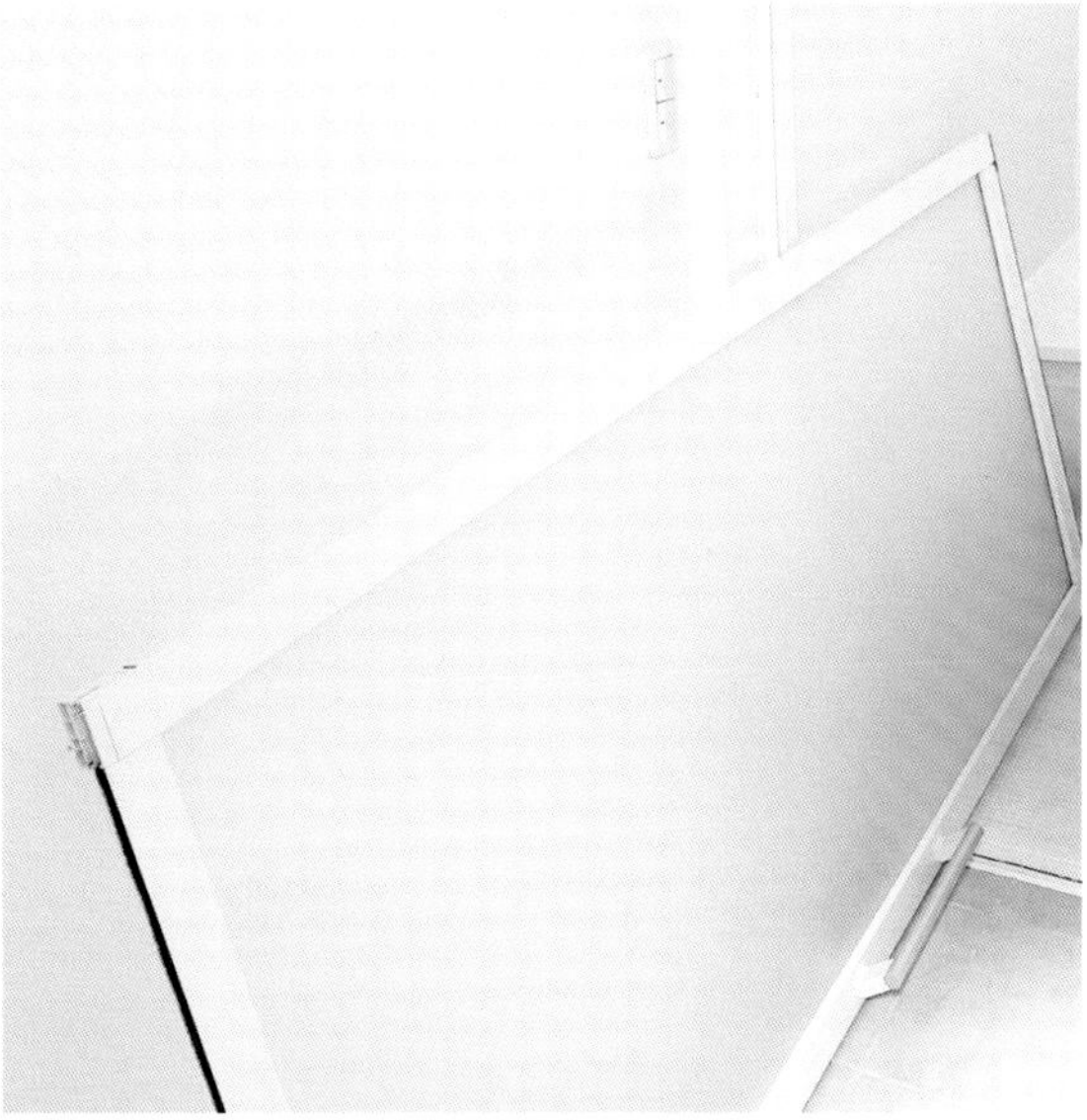

「ポイ捨てタバコを拾ってみよう」と思ったこと

次女が1歳のころ、公園やお散歩のときにタバコの吸い殻を拾って口に入れようとしていたのがとても怖くてイヤでした。タバコは毒性が強くて、子どもが誤飲すると命に関わります。拾おう、拾おうと思っていましたが、なかなか実現できませんでした。1年ほど前にポイ捨てタバコにモヤモヤするなら、やはり「拾おう！」と決め、専用袋を作りました。

アルミホイルと保存袋で手作り。アルミホイルを袋状に折って、ジッパーつき保存袋に入れただけの簡単なもの。

袋を開くとこんな感じ。吸い殻を100円ショップのミニトングで拾い、しっかり火が消えているか、念のため確認してから袋へ。

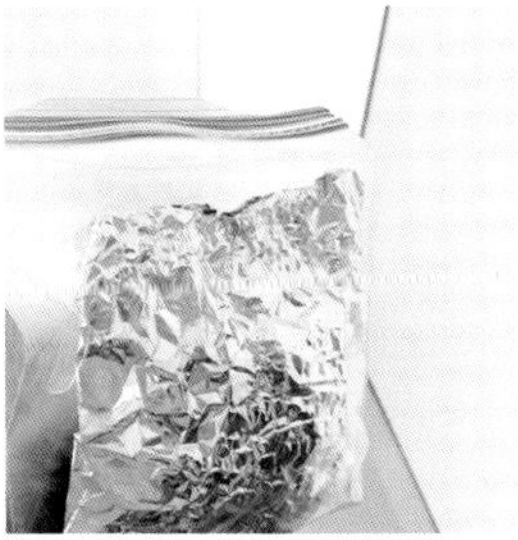

拾った吸い殻は家に持ち帰り、水をかけて、1日トタンバケツの中に置いてから分別して捨てます。

インテリアをじゃましない「白い消火器」

冷蔵庫と壁のすきまに、消火器を置いています。選んだのは、＋maffs（マフス）の住宅用消火器。マットな白が上品でインテリアになじみます。

ゴミ袋は一度に5枚セットする

ゴミ箱にゴミ袋をセットするときは、5枚重ねにします。毎回取り替えなくてもいいので手間いらず。5枚目がなくなったら、ゴミ箱をきれいに拭いて、またセット。

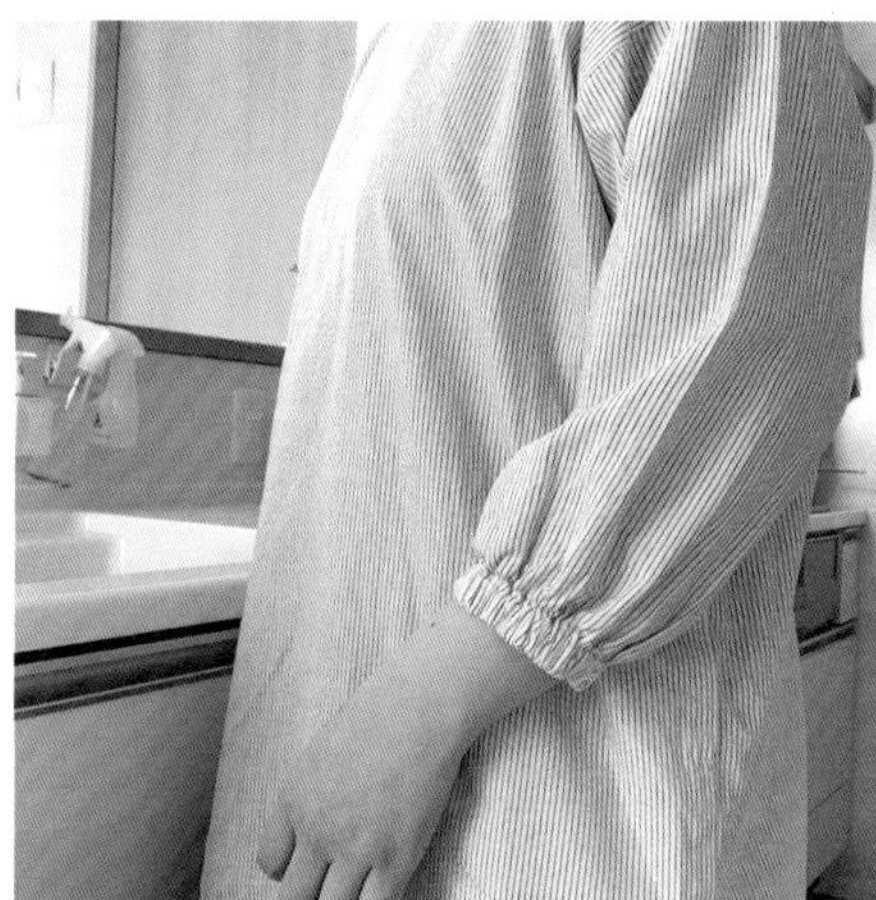

割烹着を買ってみたら

1年ほど前、はじめて割烹着を購入。中川政七商店のショート丈のものです。袖丈が作業のじゃまにならない短めなのが気に入っています。セーターなど、汚したくない服を着ていても、安心して料理や片づけができます。

Chapter 2

暮らしがラクに回りだす朝の「ルーティン化」

子どもが生まれ、育児と仕事、家事に追われるうちに、気持ちの余裕がなくなっていました。自分で望んだ暮らしなのに、イライラ、モヤモヤ。そんな心を晴らすきっかけとなったのが「朝時間の活用」でした。ひとりになれる空間と時間を手に入れて、「余白」の大切さに気づきました。

早朝4時起きを始めて、「腑に落ちた」こと

ここ4年ほど、子どもといっしょに21時に寝て、朝4時に起きる生活をしています。でも、もともとは、夜更かしの朝寝坊。夜中の1時2時に寝て、朝は家を出る時間の直前に飛び起きるタイプでした。

　きっかけは子どもが生まれたこと。夜、会社から帰宅すると、夕飯をあげるのが精いっぱいで、娘を寝かしつけつつ早い時間に寝落ち。夜中にフラフラと再び起きて洗い物などの家事をしてから、また深夜に寝るサイクルでした。いつも家事が後手後手になっていたうえに睡眠不足。

それを解消すべく、長女を寝かしつける前に必死で家事を終わらせて朝までぐっすり寝るスタイルにしたのです。すると、自然と早起きになり、ひとりで集中して何かをする時間ができて気持ちが充実するようになりました。

　朝起きると、まずはルーティンの家事を行います。順番が決まっているので、起きたてでぼんやりしていても体はスイスイ動きます。家事をしている間に、頭もシャッキリ。貴重なゴールデンタイムをムダにすまいと、二度寝もしなくなりました。

子どもが生まれてからの私はいつもいっぱいいっぱいで、気が急いてばかり。夫と衝突することも多かったように思います。

　その原因は、自分だけの時間がなくなったから。仕事と家庭。しなければならないことが押し寄せ、したいことがままならなくなり、息が詰まってしまう感覚だったのです。

　子育てしていたり仕事をしていても、ひとり静かな時間が必要――。**早起きで手に入れたのは、「時間や、やるべきことに追われない」という心の落ち着きと解放感でした。**

3階建ての家に囲まれた北向きの家。暗くならないように各部屋を仕切る廊下をなくし、広くとったリビングダイニングは窓を増やして光がよく入るように。

家族が寝ている早朝。録画しておいたテレビドラマを観たり、コーヒータイムを楽しんだり……この時間が、やがて始まるあわただしい一日のスタートを切るエネルギー源に。

心を自由にする「モーニングルーティン」の効用

「朝活」という言葉が出てきたのはどのくらい前でしょうか。朝の時間に勉強をしたり、エクササイズをするビジネスマンや若い女性たちが紹介され、話題となりました。そして今は「モーニングルーティン」という新しい言葉がインターネットを中心に注目されています。言い換えると「朝の習慣」。新型コロナウイルスによって自宅で過ごす時間が長くなり、時間の効率化、とくに朝時間をどう活用するのかに、関心が高まっているのかもしれません。

早起きが苦手だった私が、4時起き生活を続けていられるのは、朝のひとり時間が楽しいから。少しずつ整えてきた私の「**モーニングルーティン」に沿って動くと、テキパキと家事が片づきます**。朝の自分の動きに合わせて、ついでに行うのでムダがなく、ルーティンが終わるころには、家事も身支度も終わっているので快適。ルーティンには水まわりの「ついで掃除」を組み込んでいるので、汚れやすくて

キッチンマットは撤去。毎晩、夕食後にキッチンまわりをひととおりふきんで拭き終えたら、その流れで床も拭いて、スッキリ。

も自然ときれいに保てるように。

行動の流れが決まっているので「起きたけど、リビングに座ってボーッと過ごしてしまう」ことが減り、時間が効率的に使えるようにも。また、基本的には、朝は家事と趣味の時間にあてていますが、仕事が終わっていないときは仕事をしたり、資格取得を目指しているときは勉強をしたり、やりたいことの時間を確保しやすくなりました。

自宅で仕事をしていると、日中、家事に時間を取られて、仕事時間があいまいになりがちでしたが、今は昼間の時間は家事を気にせず、仕事に集中できるようになり、ストレスがかなり減ったのを実感しています。

私のSNSでも「4時起き」「モーニングルーティン」に対しての反響がとても多く、「朝時間の活用の仕方」への関心の高さがうかがえます。

一日の時間の使い方にめりはりをつけ、夜の家事負担を減らす――。ともすると24時間労働となりがちな主婦にとって、モーニングルーティンは自分でできる小さな働き方改革、なのかもしれません。

朝が大切なのは「今だけ」なのかもしれない

朝の時間にゆとりが生まれている今、学校に行く前に子どもの髪を結んであげる時間も取れるようになりました。

主婦のタイムテーブルは家族の状況やライフステージとともに変わっていくと思います。今は4時起きで家事を一気にすませ、夜は早めに就寝というスタイルがしっくりきているのですが、たとえばこのあと子どもの寝かしつけが必要なくなり、朝よりも夜に家事をしたほうがスムーズになるときがくるかもしれませんし、子どもが塾に通うようになれば、また少し夜型に戻るかもしれないな、と思っています。**家族とのかけがえのない時間を大切に過ごす、ということが目的で、早起きは手段。**体調が悪いときは無理しない、その日の予定によって変更する柔軟さが、継続するコツなのかもと思います。

朝の時間がたっぷりある半面、夜の時間、とくに帰宅後の夫と過ごす時間はかなり少なめのわが家。週末はふたりで夜更かしして映画を観たり、家族で早寝して早朝にゆっくり過ごすなど、夫婦の時間も大切にしています。

朝家事は迷いなく動ける「小掃除」を中心に

朝起きてすぐの家事は「ながら」と「ついで」ですませられるものがおすすめ。寝起きでぼんやりしていても、自然に体が動く、「小掃除」程度の気軽なルーティンがちょうどいいと感じています。

起床後はトイレついでに簡単な掃除を。朝起きたら2階の寝室から1階のトイレに。拭き取りクリーナーをトイレットペーパーにつけて、リモコン、便座、便座の裏、便器の縁、便器の手前側、便器手前の床、トイレのゴミ箱を拭きます。狭い空間で手が届く範囲なので、習慣にしてしまえばあっという間の流れ作業。そして、洗面に移り、顔を洗うついでに、洗面台や浴室の水滴を拭くなどをすませてしまいます。

自分の生活時間を整理し、記録するために、こうしたモーニングルーティンの動画をYouTubeにアップしたところ、思いのほかたくさんの方に見ていただきました。次ページから紹介していきます。

便座まわりだけの掃除なので、座ったままで流れるように作業を終えます。毎日繰り返すことで、手が自然と動くように。

スマホを4時にセットして就寝しますが、今ではアラームが鳴る前に自然と目が覚めます。

毎朝の流れ

4時起床

「顔を洗うついでに」すること

① 洗面所のとなりにある浴室のバスタブや水栓金具の水滴を拭く。

② マイクロファイバークロスで水栓金具とリモコンを磨く。

③ 排水口のゴミ受けの髪の毛をティッシュペーパーで取り除く。

④ さらに洗面台の鏡と水栓金具、そのまわりを磨く。最後にマイクロファイバークロスに洗濯石けんをつけて洗面ボウルを洗う。

▼これらが終わったらメイクと着替え

トイレ掃除をすませたら、そばにある浴室に移動。洗濯前のタオルで浴室内に残った水滴を拭きあげます。入浴後すぐ拭くのが理想的ですが、夜は時間が取れず朝行うことに。鏡や水栓金具はさらにマイクロファイバークロスで磨きます。

排水口のゴミをティッシュで取って、洗面所に移動。洗面台のゴミも取り除きます。浴室で使ったマイクロファイバークロスで、洗面台の鏡、水栓金具などを磨きます。最後に、クロスに洗濯石けんをつけて、洗面ボウルをこすり洗い。残った泡でクロス自体ももみ洗いして洗濯機へ。

スッキリしたところで洗顔とメイク、着替えをして身支度も完了。

歯磨きの水滴がついたり、扉を開けるときに指紋がつきやすい鏡。毎朝マイクロファイバークロスでピカピカにしておきます。

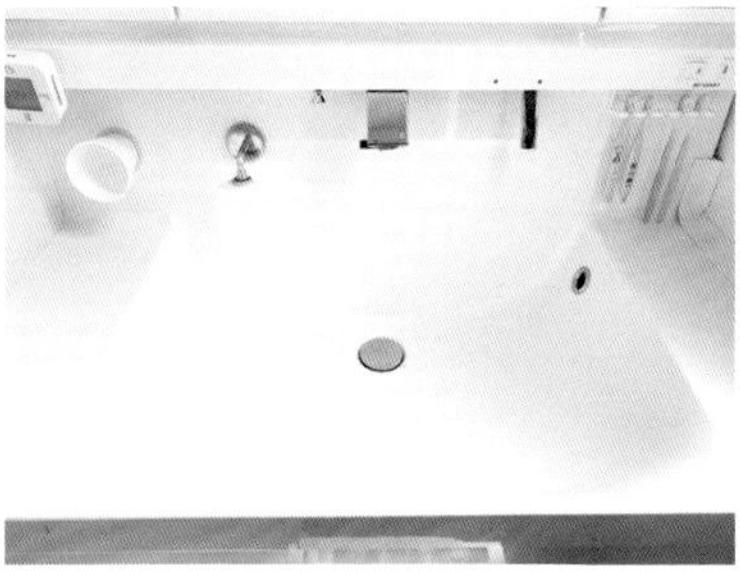

洗面ボウルはマイクロファイバークロスに洗濯石けんをつけてこすり洗いします。細かい場所も洗いやすく気に入っています。

4時30分ごろ

「前日の食器を片づけるついでに」すること

①　ＩＨコンロまわりやワークトップで乾かしていたものを片づける。
②　ワークトップをサッと拭く。
③　食器洗い乾燥機の中の食器を片づけつつ、朝食で使う食器をカウンターとワークトップに並べる。
④　前夜からつけ置きしていたふきんを手洗いして干す。
⑤　やかんに水を入れてＩＨコンロにセット。
⑥　無洗米を浸水させる。

食洗機は設置して大正解。キッチンリセットが本当にラクになりました。

洗面所の前にあるキッチンへ移動したら、まずはＩＨコンロやワークトップに並べて乾かしていたものを片づけ、ワークトップに除菌スプレーを吹きかけて、サッと拭きます。続いて前日にセットしておいた食洗機の食器を片づけ、ついでに朝食で使う食器をカウンターに出しておきます。さらに前夜に酸素系漂白剤でつけ置きしておいたふきんを水洗いして、あとから洗濯物といっしょに干します。

朝はお茶を飲むため、このタイミングでやかんに水を入れてコンロに置いてスタンバイ。最後に無洗米を鍋で浸水させてキッチンまわりの朝家事は完了。

片づけるついでにお茶や朝食作りの準備を整えるだけなのことですが、次にキッチンに立つときはすぐに作業ができ、バタバタすることがありません。こんな小さな「ついで」仕事が、朝時間の心に余裕をもたらします。

4時45分ごろ

「洗濯物をたたんで片づけるついでに」すること

① 入浴後の着替えやタオルをセット。
② 次女の保育園の持ち物をセット。
③ トイレや洗面台の手拭きタオルを交換。
④ アイロンがけをする。

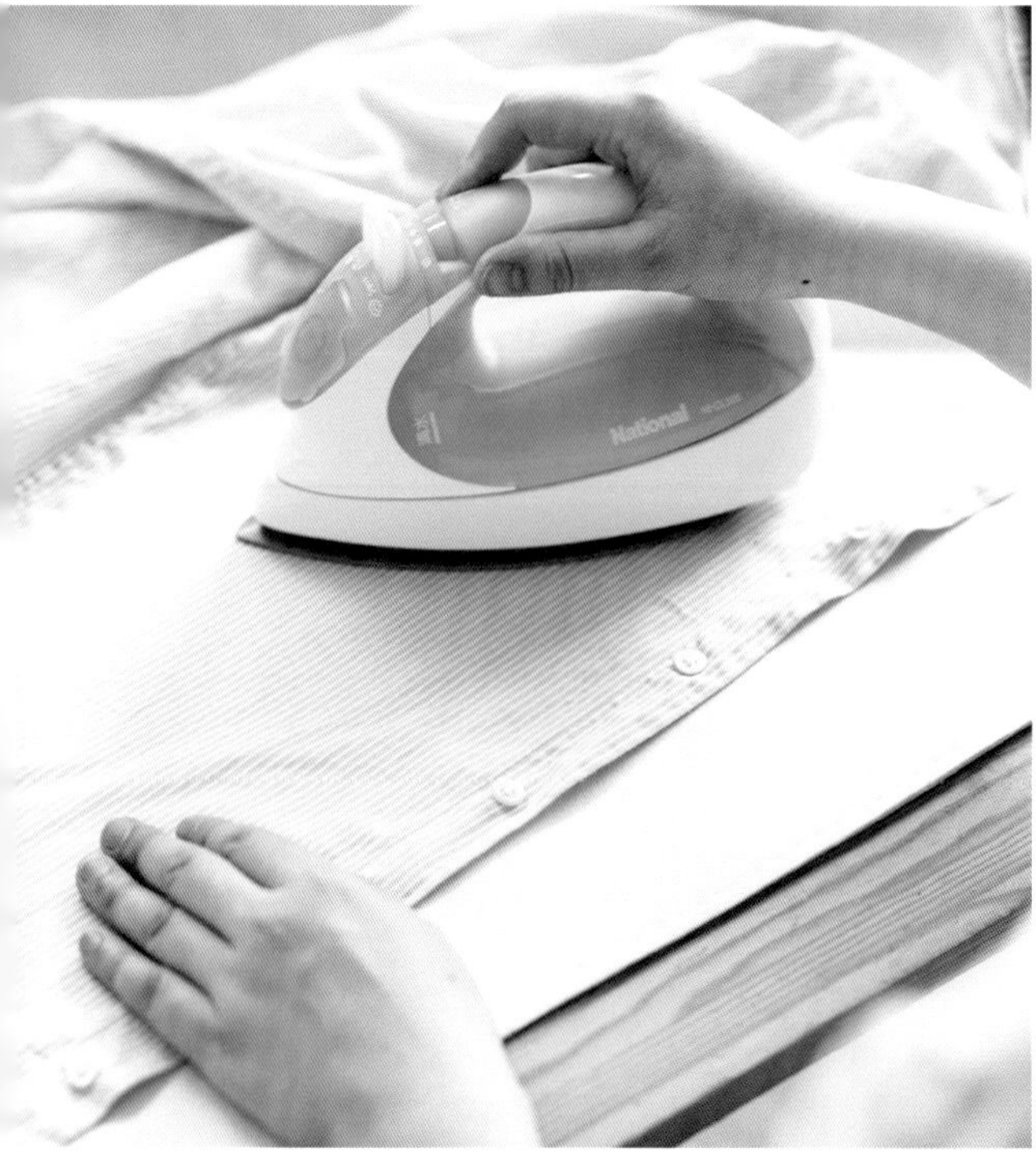

私をアイロンがけ好きにさせてくれた山崎実業の「くるくるアイロンマットtower」。リビングの取り出しやすいところに置いてあります。

わが家はキッチンとリビングがひと続きの間取り。キッチンの準備を終えたらリビングへ移動し、部屋干しにしていた洗濯物をたたむついでに、その夜に使う着替えやタオルをセット。朝のうちに夜の準備を整えておきます。

次に次女の保育園の持ち物一式を用意。洗濯物をしまうついでに、トイレや洗面台のタオルも交換します。タオルは2枚ずつ用意してあるので、たたんでしまわず、干したものをそのまま交換するだけ。こうすればしまう手間も、たたむ手間もなくなり、収納スペースも減らせます。

そのあとはリビングでアイロンがけ。今でこそアイロンがけは毎日やっても苦になりませんが、以前は家事のなかでもいちばんキライでした。きっかけは、「アイロンマット」に替えたこと。軽くて、くるくると巻いて収納できるので、いちいち重いアイロン台を出さなくてもOKとなったことで、「アイロンがけ

5時15分ごろ

読書やパソコン作業など。ウォーキングをすることも。

6時ごろ

①洗濯機のスイッチをオン。
②朝食作り。
③お弁当作り(おにぎりだけの日も)。
④夕食作り(下ごしらえだけの日も)。

6時15分ごろ

夫が起床。

6時30分ごろ

子どもたちが起床。

ひとり時間終了

詰めるおかずは作り置きのものを使うので簡単。

自体がキライなのではなくて、アイロン台を出したりしまったりするのがイヤだったのだ」と気づいたのでした。

リビングでの家事を終えたら、6時ごろまでは自分だけの時間。SNSを楽しんだり、ウォーキングに出かけたり。1時間足らずの自由時間が毎日あることで、心のエネルギーが満たされます。

6時になったら、洗濯機をスイッチオン、朝食の準備に取りかかります。夫と私のお弁当、その日の夕食も同時進行。お弁当は冷蔵庫にある作り置きを詰め、新たに作るのは卵焼きのような簡単なものだけです。夕食作りは下ごしらえまで終えて完了。冷凍の肉や魚を使う場合は、冷凍室から冷蔵室へ移動させ、みそ汁を作るなら、みそを入れる手前まで煮て、冷めたら冷蔵室に鍋ごと入れておきます。

7時ごろ

朝食

朝食の盛りつけは常備菜を取り入れて、栄養バランスよく。子どもが小さいときは好き嫌いもあり、残すこともありますが少しでも味見できたら「えらいね」と声をかけながら、食べすすめられるように。

わが家はおもにかつお節と昆布の水だしですが、ほかに、干し椎茸や煮干しを入れてもおいしくできます。かつお節の代わりに、さばやあじの混合節もよく使いますが、おいしいだしがとれます。

疲れるとすぐに料理をサボりたくなるのですが、週末におかずを作り置きすることで、平日にお惣菜やお弁当を買う頻度がかなり減りました。朝食のおかずも、その作り置きを並べるだけ。イチから作らなくていいので朝の時間に余裕がもてます。時短に欠かせないのが、みそ汁や煮物を作るときの、手作りの水だし。わが家は朝ごはんといっしょに、お弁当、夕ごはんまで作るので、少しでも時短したいと考えています。顆粒だしも使いますが、毎回使うのは、気分的に味気ないような気がします（あくまで気分的にです。味はおいしいと思います）。

作り方は、ピッチャーにかつお節と昆布を入れ、水を加えるだけ。かつお節はたっぷり入れたほうが、おいしいだしが出ます。半日ほど冷蔵室に入れておくと完成です。

7時30分ごろ

① 洗濯物を干す。
② 洗濯機のゴミ受けのゴミを取り除く。
③ ベッドメイキングをする。

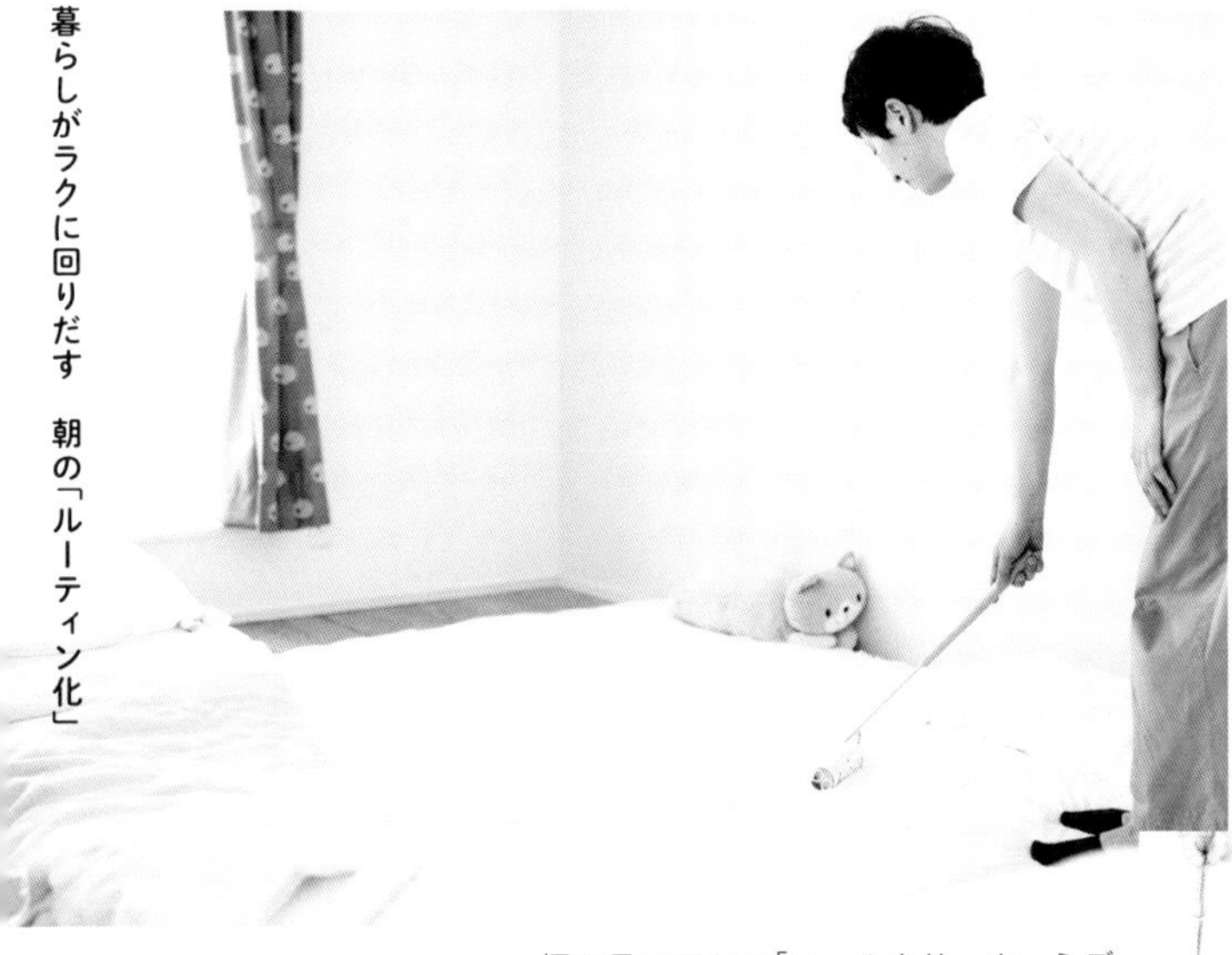

柄の長いTidyの「ロールクリーナーミディアム」。立ったままで作業ができるのでラク。髪の毛から小さなゴミまで取れます。

朝食を終えると洗濯物を干しに2階に上がります。洗濯機から洗濯物を出したあと、ゴミ受けを外してゴミを捨て、除菌。洗濯槽の内側と洗剤や柔軟剤の投入口も除菌しておきます。洗濯物を干したついでに、2階の寝室の掃除。布団の上には髪の毛がついていることが多いので、コロコロクリーナーでていねいに取っていきます。寝室の掃除機がけのついでに、掃除機に布団用のノズルをつけて吸い取る日もあります。

布団がぐちゃぐちゃのままの寝室を見ると、気持ちがモヤモヤ……。そのため、寝室の整えは、必ず朝行います。「朝家事」は一日を心地よく過ごすためのエネルギーにもなりますし、先取りして家事を進めることは、疲れが出てくる夕方以降の自分を助けることにもなります。

朝起きられない、続かない……を防ぐ「やる気スイッチ」

インスタグラムでも「早起きしたいけれど、できない」「二度寝してしまう」という声をよく聞きます。ポイントは、**「朝の行動をルーティン化すること」**。頭がぼんやりしていても、決まった型どおりに体を動かすうちに、自然と体が目覚めてきます。

「眠いと感じる前に動く」

目覚まし時計のアラームが鳴ったら、すぐ体を起こして布団から出てみましょう。ゴロゴロしないですぐに起きて、自分がやりたいことをするのが早起きを継続させるコツだと思います。私も最初は好きなドラマを観たり、読書をするなど趣味の時間にあてていました。朝時間を楽しい時間にすることで、「明日のために早寝しよう！」という気持ちになって、早起きが習慣化しやすくなると思います。

「起きてからの、流れ作業をつくる」

早起きの成功のポイントは「起きてから何をするかを決めておく」ことだと思います。早起きしたはいいけれど、なんとなくボーッと過ごしたり、ベッドに戻る誘惑に負けてしまっては、「早起きしたけど意味がない」「早起きはツライ」というネガティブな情報が自分にインプットされてしまって、早起きが定着しません。コップ一杯の水を飲む、身支度をするなど、簡単なことでいいので「起きてからの流れ作業」を決めます。そのなかには自分の楽しみも入れましょう。

「何も考えずに動ける時間割」があれば早起きのハードルはぐっと下がります。

朝家事のときに愛用しているマキタのコードレス掃除機はスティック型で軽いので、思い立ったときにすぐに取り出せるのがうれしい。

私が早起きを習慣化できた要因のひとつに、SNSを通じて早起き仲間と知り合えたことがあります。そんな「朝活」仲間4人をご紹介します。

べべさん「朝活」歴4年/33歳　Instagram：@bebehouse_00

朝活は自分をほめて活性化できるチャンス

家族構成：夫と5歳の長女、3歳の次女の4人家族。共働き

「すっきりシンプル」がマイルール。家を建てるとき、持ち物の量に合わせて収納スペースを作ってもらいました。物が出ていないので掃除もラクです。

「朝活」で始めた家庭菜園（貸し農園）。家族が起きてくる前に畑に行きます。みずみずしい朝採り野菜を朝食に出せる喜びは、早起きの大きなモチベーションに。

子どもの授乳期（早朝に起こされる）をきっかけに、夜型の生活から一気に早起きが習慣となりました。日中眠くなるのは最初のうちだけ。慣れてくると遅く起きた日よりもシャキッと一日を過ごせるようになってきました。早起きして家事をして、自分の時間もつくれて、やるべきことが終わると「これは早起きできた自分のおかげ。ありがとう、私」と自分をほめてあげられるようになりました。この「ほめ効果」で朝からモチベーションが上がり、いい一日のスタートが切れます。また、時間にゆとりができるようになったので、子どもたちと〝いっしょに〇〇をする〟という時間が増えて、子どもに向き合う時間と心の余裕が増したのも早起きのメリットだと思います。

「朝活」スケジュール

4:00	起床・着替え
4:05	トイレ掃除
4:10	洗濯機を回す
4:15	洗顔・歯磨き・メイク
4:40	食洗機の片づけ
4:50	自分の好きなことをする（その日によりますが→掃除/録画観賞/仕事/インスタライブ/手帳記入/夏は家庭菜園をしに貸し農園へ行くなど）
6:15	朝食を準備する
7:00	家族が起床
7:10	朝食
7:50	出発の準備
8:15	出発（子どもたちが幼稚園のとき）

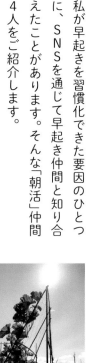

さぶさん「朝活」歴2年/34歳　Instagram：@sabu_1985

家事を時短でこなして余裕を生む

家族構成：夫と4歳の長女、2歳の長男の4人家族。共働き

朝は毎日〝戦争〟。起きたときからゴングが鳴っています。2人の保育園児を起こして、食べさせて、保育園へ送り出すまでの「1分が貴重」なので、いろいろな「時短」ワザで乗り切っています。「朝食」は2つのメニューを用意。ひとつは前日に握っておいたおにぎり、もうひとつはチーズをのせたトースト。どちらかを子どもたちに選んでもらい、「迷う」時間を省きます。また洗濯機の乾燥機能を使って、洗濯物を干す時間を短縮。子どもたちが着る服選びも、「何着る？」と聞くと、迷って時間がかかるので、引き出しを開けて自分たちで選ぶ方式に。これで着替えもだいぶスピーディになりました。自分や家族が悩まない仕組みづくりで、リズムよく朝が始まる気がします。

「朝活」スケジュール

6:45 起床
7:00 洗濯
7:10 朝食
7:25 自分の身支度、夜のご飯のセット
7:40 保育園の持ち物の準備
7:45 子どもたち身支度
7:55 5分掃除
8:00 出発

朝食のチョイスはおにぎりとチーズトーストの2つだけ。リクエストがあればバナナをプラスします。

キッチンカウンターを高くして、キッチンの中が見えない設計。ダイニングテーブルには何も置かず、掃除をしやすくしています。

yuiさん「朝活」歴4年/29歳　Instagram：@yu.i_home

「朝活」開始はインスタグラムを見ることから

家族構成：夫と6歳の長男、1歳の次男の4人家族。共働き

　学生時代からずっと朝型の生活。結婚してからも5時に起きて朝食とお弁当を作っていましたが、掃除にまでは手が回らない状態でした。そんなときインスタグラマーさんたちの「朝活」に触発され、私ももっと早く起きれば掃除までできるかもしれないと4時起きを習慣にしたところ、掃除が朝の日課になりました。私の場合、朝起きて最初に行うのが、SNSのチェック。4時半までの30分が私だけの時間です。内容を読み込んでいると、自然と頭がシャキッと目覚めてきます。この時間が私にとってのごほうびタイム。そのあと、食事作りや掃除などの朝のルーティンを開始。自分の気持ちが満たされているから作業も快く行えます。朝のごほうびタイムのおかげで、暮らしがとてもうまく回っているように思います。

「朝活」スケジュール

4:00	起床、SNSチェックするなど自分時間
4:30	トイレ、洗面所掃除
4:40	リビングモップがけ
4:45	朝食と弁当を作る、夕食の下ごしらえ
5:50	洗顔、メイクをする
5:55	子どもたちの忘れ物がないかチェック
6:00	家族を起こす
6:15	家族みんなで朝食
6:30	キッチンリセット開始
6:50	キッチンリセット終了
7:00	夫、次男を送り出す
7:10	洗濯物をたたむ。余裕があれば少しだけ掃除
7:30	長男小学校へ送り出す
7:40	家を出る、職場へ

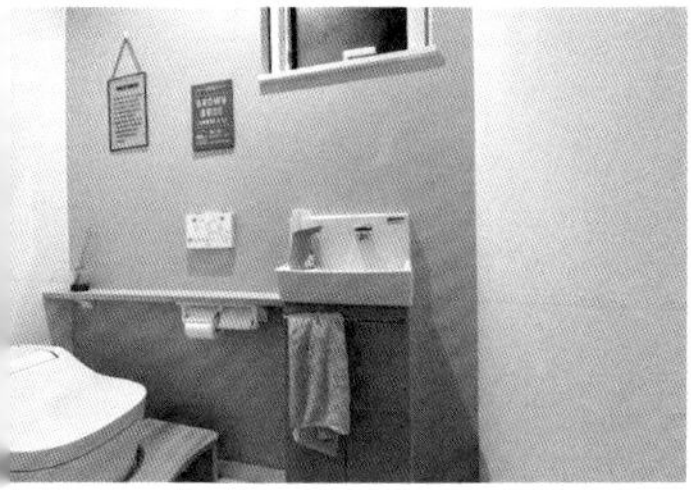

トイレは自分時間を過ごしたあと、最初に始める掃除場所。以前はめんどうでやりたくないと思うことがありましたが、「ついでに行う掃除」にしたら苦にならなくなりました。

ダイニングのクローゼット収納。左の収納の上段は書類や取扱説明書、筆記用具などふだんよく使うものを、左側のほうはパントリー収納になっています。

kayoさん「朝活」歴7年/37歳　Instagram：@kayo12180909

「朝活」で子育てにゆとりができた！

家族構成：夫と8歳の長男、6歳の長女の4人家族

6年前、下の子の出産後しばらくは育児がとてもつらかったのを覚えてます。上と下の子どもの年齢が1歳8か月差で、まだまだ上の子に手がかかり、育児で手いっぱい。家事をする余裕がなく、家事と育児をうまく回す方法はないかな、と悩んでいたとき、もともと自分自身が夜より朝のほうが得意だったことから「朝活」を始めました。すると朝、家事や夕食作りをすることで、自分時間が取れるようになり、日中、子どもたちと向き合える時間も増えました。自分時間は家計簿をつけたり、手帳にスケジュールを記入したり、録画したテレビを観るなど、自分のやりたいことをやっています。そして、1年半前にインスタグラムで、「朝活」をしてる方々とつながりが持て、「自分だけじゃないんだ！」と思えて、さらに朝活時間が楽しくなっています。

「朝活」スケジュール

4:00 起床
4:05 トイレ掃除
4:10 着替え、歯磨き、洗面所掃除、洗濯物予洗い
4:20 食洗機の食器を片づける、つけ置きしていたふきんを洗う、朝食の食器の準備
4:40 リビングを片づける
4:50 1階フローリングをフローリングワイパーで掃除
5:00 洗濯機を回す
5:10 子どもの持ち物確認
5:20 自分の時間（家計簿記入、手帳記入など）
5:50 朝食の支度
6:20 朝食
6:50 キッチンのリセット
7:30 子どもの見送り
7:45 洗濯物を干す、掃除機をかける

「朝活」で一日の多くの家事をすませているので、子どもたちの宿題を見てあげる時間もたっぷり。

キッチンは私がおもに使う場所なので、使いやすく片づけるのはもちろん、お気に入りのものも置いて心なごむ空間に。

@pyokopyokopのフォロワーさんたちに聞いた朝活アンケート

以前から早起きして勉強したり、趣味の時間に使う人は多くいましたが、「朝活」という言葉が広がり、さらにカジュアルに朝型の生活を楽しむ人が増えている印象です。みなさんの朝活事情を聞いてみました。

①「朝活」を始めてよかったこと

店がすいている時間に買い物ができる

買い出しに朝イチで行けます。店がすいているし、品切れもほとんどないため、献立の予定どおりに買い物ができます。

(@__k__319さん)

帰宅してからのごはん作りがラク

掃除などをすませたあとの朝ごはんはおいしいし、ゆとりのある時間を過ごせます。育休からの仕事復帰を機に「朝活」を始めましたが、夜ごはんの下準備ができているので、帰宅してからごはんを食べるまでがスムーズ。夕方は息子がグズグズしますが、絵本を読んであげる余裕ができました。

(@usausa_homeさん)

わが子と笑顔で向き合える

仕事が終わってへとへとで帰宅。子どもの宿題や翌日の準備、夕飯作って習い事に送迎……こんな毎日を送っていて、「早く！早く！」が口グセでしたが、朝に夕食の準備や翌日の支度をしておくと、夕方の時間を有効に使えるようになりました。 子どもたちと向き合う時間も増え、学校の話なども余裕を持って聞けるようになって、笑顔が増えました。

(@rena_tenkin_lifeさん)

体調がよく、満足感でいっぱい

同じ時間に寝て起きることで体調が抜群にいいんです。また、ちょっとずつ掃除を進めることでまとめてやろうと思わなくなり、今日もできたという満足感でいっぱいに。

(@halu_863さん)

思いどおりに家事ができてストレスなし

時間をムダにした感じがなく、すがすがしい！ 誰(とくに子ども)にもじゃまされず家事ができるのでストレスゼロ。その日の予定もゆっくりと落ち着いて立てられます。

(@manoko3408さん)

余裕ができて趣味も楽しめる

午前中の時間がたくさん取れるので、夏は涼しい時間にできることが増え、一日に余裕ができます。その時間でウォーキングや家庭菜園を楽しんでいます。

(@_periperi_perikoさん)

ひとりだけ起きている特別感がいい

静かな空気のなかで活動するのは、ひとりだけ起きてる特別感があり、晴れている日の朝日を浴びるのは気持ちがいい。夜は疲れているしSNSやネットニュースなどをつい見てしまうので、家事をする気になりませんが、「朝活」は時間を有意義に使えるのではかどります。

(@aymaroooさん)

夫が寝ている時間を自分時間に

夫が夜勤の日は日中に寝ることが多いため、朝帰ってくるまでに家事をしておけば、夫の睡眠を妨げることがありません。「朝活」のおかげで、夫が寝ているときに自分の時間が持て、心のゆとりにつながっています。

(@ayachan_disney.0710さん)

焼きたてパンの幸せ

朝、静かなリビングでひとりゆったりコーヒーを飲みながらスタート。いつもは5時起きですが、4時台に目が覚めた日は朝食用のパンを焼くので家族に喜ばれています。

(@atsuko14thさん)

②「朝活」を続けるための工夫

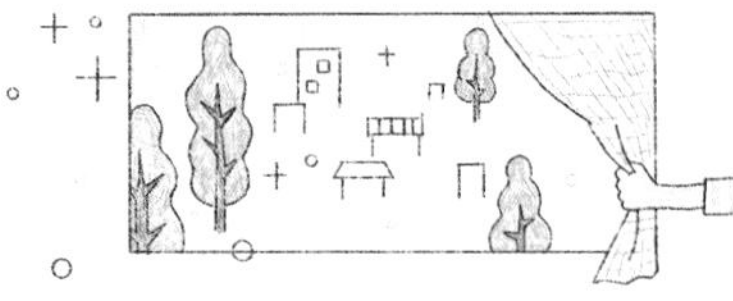

ごほうびチョコを用意

コーヒーとチョコレートをいっしょに食べるのが好きなので、「早く起きたらチョコレートを食べる！」と決め、ごほうびチョコを用意。

（@hira_chan_さん）

目標を小さく設定

最初は朝起きの時間の目標を小さく、小さくすること。「朝6時までに起きよう。起きるだけでボーッとしててもいい」。こんな小さな目標を達成できたら、全力で自分をほめます！

（@piyo3kaさん）

リラックスして入眠

早起きするため、まずは早めに寝ること。そして睡眠の質をよくするために、アロマを使ったマッサージをするなど、リラックスして入眠するようにしています。

（@c_09567さん）

寝る前のスマホは厳禁

朝のひとり時間の楽しみをつくります。今はストレッチとシャワータイム。以前は天井や壁を柔軟剤水で拭いてよい香りをつけ、リフレッシュするのが楽しみでした。また、スマホは一度見るとだらだら見てしまうので、21時以降は開かないように。

（@ohana_hooomeさん）

寝る前にちょこっと片づけ

目覚まし時計は離れたところに置き、頭を空っぽにして就寝。また朝起きたとき、ごちゃごちゃの部屋を見ると「あぁ……」と思って二度寝してしまう気がするので、寝る前に少し片づけておきます。

（@mitb724さん）

目覚まし時計は段階別の音量で

目覚まし時計が一定の音量だと、爆睡しているときはなかなか起きられません。そこで、無印良品の少しずつ音量が上がっていくタイプに買い替えて、スムーズに起きられるように。

（@kobito.miniさん）

起きられなくても自分を責めない

睡眠時間は5～6時間を確保。子どもが夜泣きをして夜中に目を覚ましてしまったときは、早起きできない日もありますが自分を責めないようにしています。

（@love.mooon3さん）

お風呂に入って快眠快起き

寝る数時間前に軽くランニングをして、温かいお風呂に入り、その日楽しかったことを思い出しながら眠りにつきます。寝つきも寝起きもよくなります。

（@mamiya_teoさん）

寝る前に充実時間を過ごす

夜ごはんを毎日同じ時間に食べて、同じ時間に就寝。寝る前の30分は自分の好きなことをして充実させるとよく寝つけ、朝もスッキリ起きられます。

（@amapoke0219さん）

起きてからの行動をイメージ

寝る前に、「起きてからの行動パターン」を頭に入れておきます。私の場合、朝起きたら歯磨きと舌磨き、身支度を整えて白湯を飲みます。このなんてことないパターンを寝る前に思い浮かべておくだけで、朝からササッと動くことができます。

（@pannokimochiさん）

朝日が入るようにカーテンを開ける

カーテンを開けておいて、日光が顔にあたるようにしています。あとはおなかがすいて目が覚めるように、夜9時以降は食べ物を口にしないようにしています。

（@anica_1626さん）

朝の楽しみを思い巡らす

朝起きたあとの楽しみをつくって想像します。朝起きたら好きなパンを食べる、好きな音楽を聴きながら家事をする、家事を早く終わらせてゆっくりする時間をつくるなど。

（@yu__2541さん）

朝いちばんの楽しみを作る

前日にやりたいことをピックアップしておくとモチベーションが上がります。起きたら布団の中で3分間ストレッチをし、朝いちばんの楽しみ（今はレモン＆キウイシロップ作り）を行って、温かい飲み物を飲んで体のスイッチ入れます。

（@chiii_lifeさん）

炭水化物オフでスッキリ目覚め

午後3時以降は炭水化物を摂取しないようにし、食べる量も少なくしています。そうすると 朝、むくみがなく、体もスッキリして目覚めが快調に。

（@ichika6762さん）

Chapter 3

キライ、苦手だからこそ！料理の「ルーティン化」

家事でもっとも苦手なのが、夕食作り。工夫して作っても、子どもの気分によっては全然食べてくれない日もあって、「疲れちゃうな」と思うことが多々。とはいえ、お惣菜を買うばかりでは家計も苦しくなるし、味も飽きてしまうし……そこで始めたのが、作り置きのルーティンです。

料理をスムーズにするための動線づくり

調理を始める前に、使う道具や鍋をあらかじめスタンバイ。調理中にバタバタすることがなくなり、食材を切ったり、味つけしたりといった作業に集中できます。

買い物から片づけまで、料理にまつわる動作はあれこれ同時進行で、煩雑。子どもが生まれる前はレシピを見ながらのんびり作ったり、気ままに外食できたものの、子どもが生まれてからは「料理に追われる」「作らなくてはいけない」感覚になり、息がつまることも。シンプルなキッチンをSNSにあげていると、料理好きに思われがちですが、じつは逆です。

自分をラクにするために意識しているのが、シンプルで機能的なキッチン。新婚当初は物をどんどん増やしていましたが、今は、手入れが行き届く必要なものだけを所有。**使用頻度の高いものほど、使うもののそばに出し入れしやすく収納することを意識しています。**ＩＨコンロの近くに鍋や油、菜箸やトングなどを、シンクの近くにざるやボウル、やかんなどを。以前やかんは鍋といっしょに収納していましたが、水を出し入れしやすいシンクの近くに変えました。

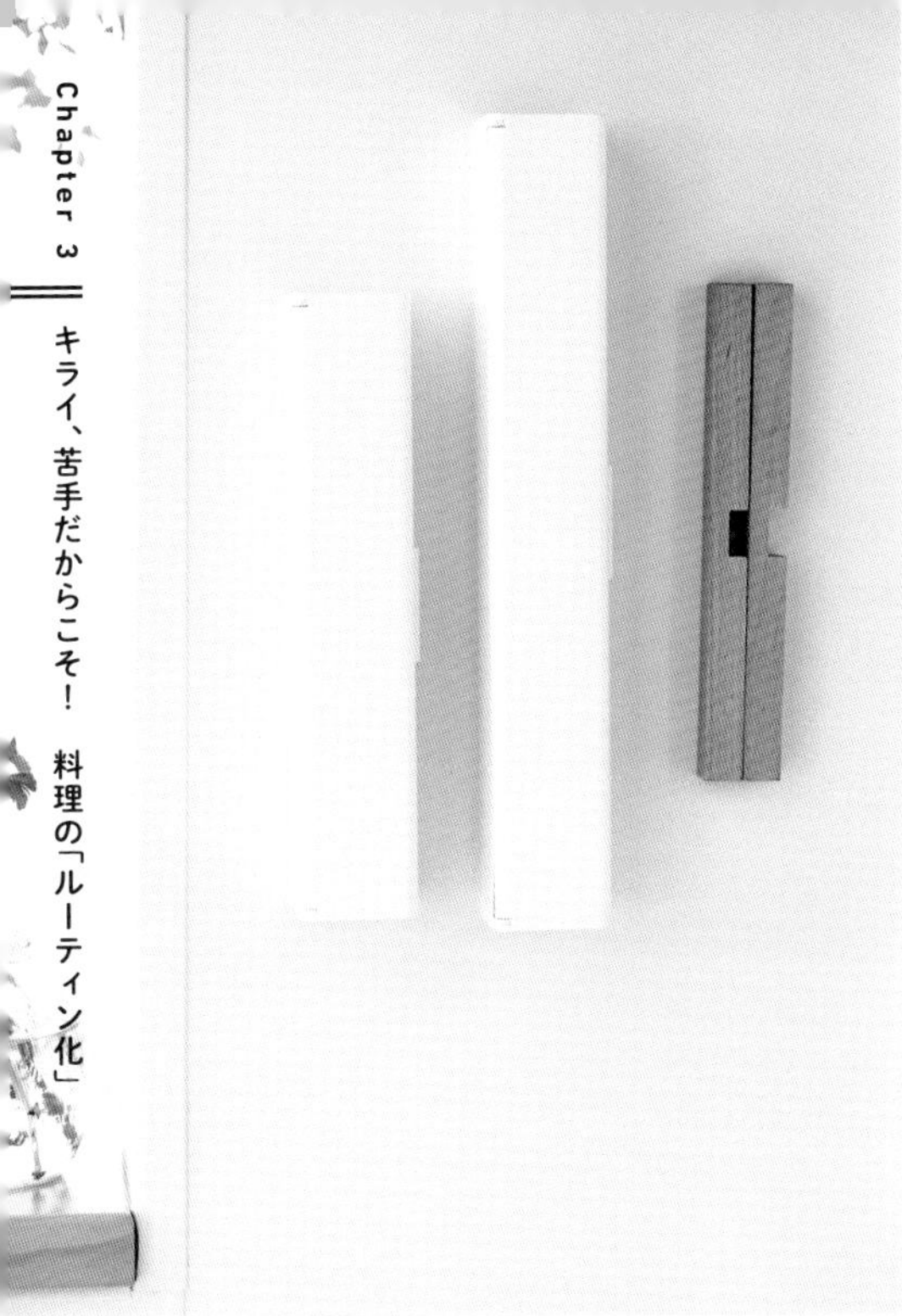

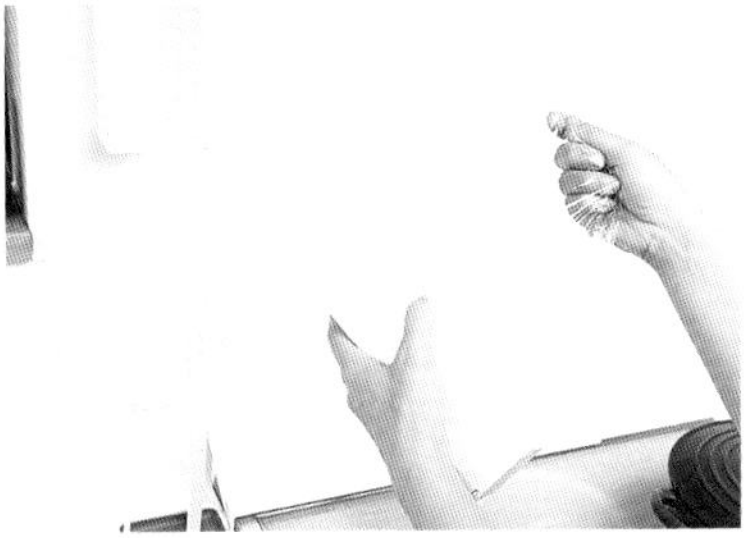

コンロ前の壁はほうろうパネルなのでマグネットがくっつけられます。ラップを白いマグネットケースに入れてくっつけてスッキリと。右側はマグネット付きの鍋敷き。くぼみ部分をはめ込んで十字にして使用。

手前の砂糖や塩、白ごまなどはWECKの「ガラスキャニスター」に、奥の黒ごまやすりごま、塩昆布などはTAKEYAの「フレッシュロック」に。

IHコンロ下の引き出し。鍋やフライパンがサッと取り出せるように収納。

鍋と同じ引き出しの手前の細いスペースを、下味でよく使うみりん、酢、酒や油類の指定席に。どれも引き出しを開けたときすぐ取り出せるように、ふたにラベリングしています。

まとめ買いした日のルーティンを決めておく

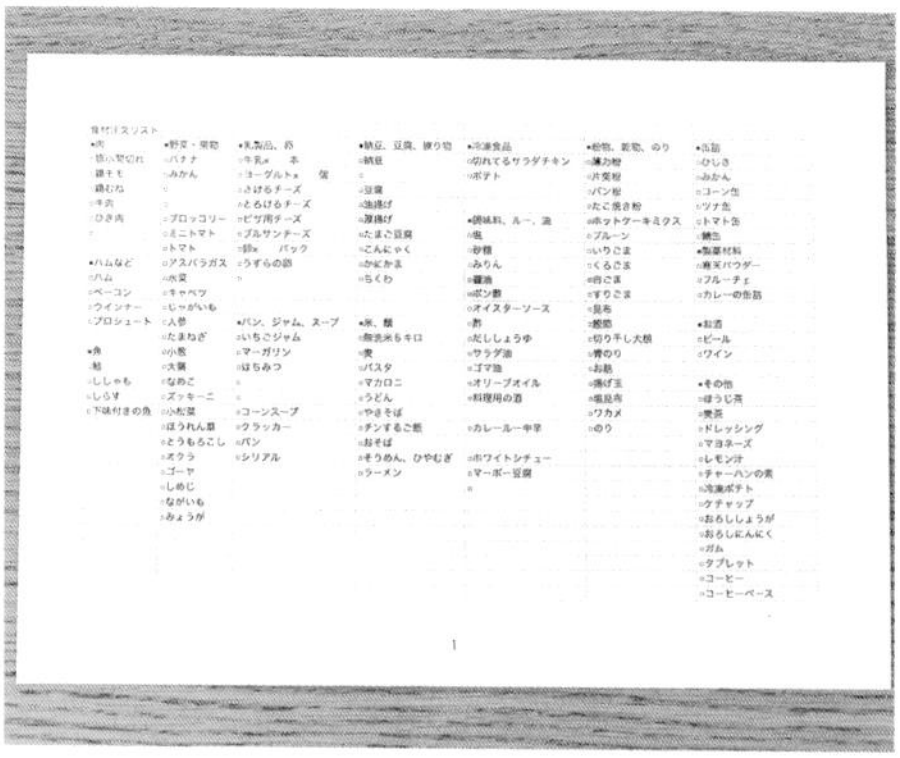
「食材注文リスト」は、肉、魚、野菜など、項目ごとによく買うものをリストアップ。家族の好みなどで、だいたい使う食材は決まってくるので、それをリスト化し、在庫がなくなって注文するものはマーカーでチェックしておきます。

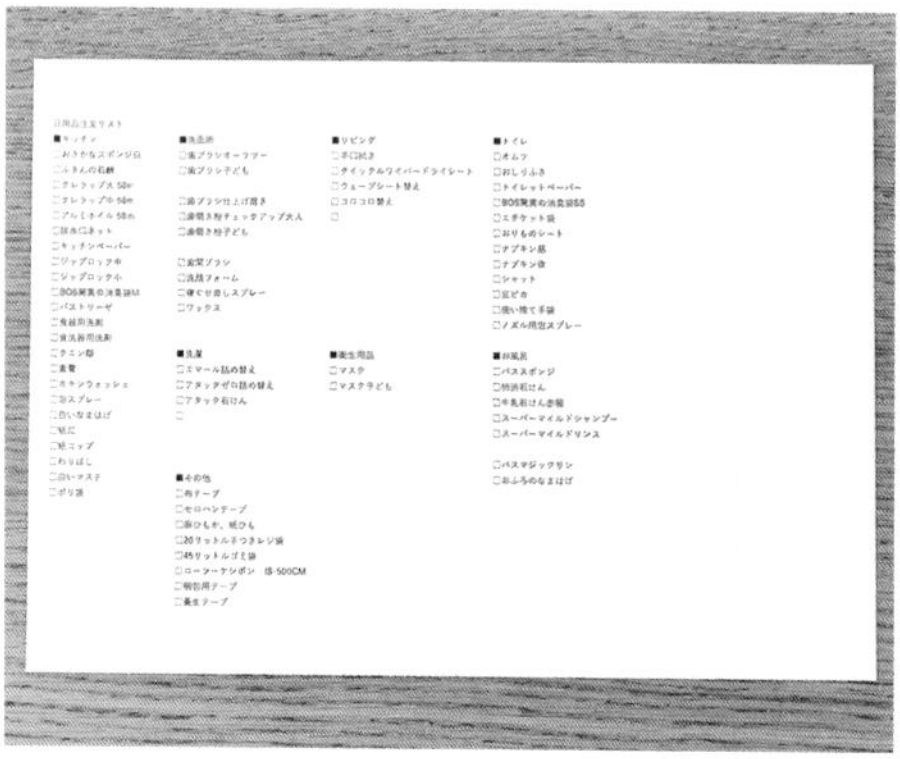
「日用品注文リスト」は、キッチン、洗面所、リビングなど、場所別に必要な日用品や洗剤などをリストアップ。在庫がなくなりそうなものをマーカーでチェックして注文。在庫切れを防止します。

まとめ買いは冷蔵庫に貼っている「食材注文リスト」と「日用品注文リスト」を見ながら、毎週金曜日に、ネットスーパーに注文。「食材注文リスト」は、よく購入するものをリスト化したもので、足りなくなってきたら、マーカーで印をつけています。リストにないものは、欄外に手書きしています。**大量の食材が届くと「これをしまわなきゃ」とおっくうに感じますが、作業をルーティン化すれば体が動きます。**

まず届いた食材を出して、保存の際に不要なパッケージを外し、整理しながら収納場所におさめます。収納前にパッケージを外しておくことで、あとで使うときに外さなくてよくなるので、時短に。ゴミ箱のふたを開けっぱなしにして、外したパッケージを捨てていきます。たとえばハムやベーコンは4パックずつ、ウインナーは2パックずつシールやテープでまとめられているものがあるので、シ

ある日のまとめ買い。これだけの量の食品を自宅まで配達してもらえるのはとても助かります。1回の注文で購入するのは7,000～1万円くらい。牛乳が多いのは子どもがよく飲むから。届いたらすぐに片づけ作業を行います。

ールをはがしてバラバラにし、使うときに取り出しやすく。納豆、卵豆腐、スライスチーズなどもパッケージを外してバラバラに。これで使うときに、必要数だけサッと取り出すことができます。

また詰め替えるものはすぐに実行。すりごまや塩こんぶは、「フレッシュロック」に、みりんや酢は、セラーメイトの「ワンプッシュ便利びん」に。鮭の切り身など、加工せずに冷凍するものは、ラップでぴたっとくるんでからジッパー式保存袋に。

ネットスーパーで1週間分の食材を注文すると、時短になりますが、届いたときの片づけにはパワーがいります。

少しでも早く終わるように、少しでもラクになるようにとこの方法にしています。

2日で仕込んで5日で食べきる工夫

野菜の作り置き。左上からズッキーニのパン粉焼き、粉ふきいも、オクラのバター炒め、ほうれん草のごま和え、なすの田舎煮、にんじんのグラッセ。

つけ込み系の作り置き。左上から、きゅうりの一本漬け、ゆで卵のめんつゆ漬け、ミニトマトのマリネ、パプリカのマリネ。

金曜日に食材が届いたら、土曜日に下ごしらえをし、日曜日に10品程度、調理をします。届いた日に一気に行ったことがありますが、4時間ぐらいかかって疲労困憊《こんぱい》。ツラいとすぐに料理をサボってしまう私には続かないと思って、分けて作業をすることにしました。

作業を段階的に分けることで、まとまった時間を取らなくてもいいので気分もラクに。調理を一気にしていたときは、途中で子どもに話しかけられたり絵本の読み聞かせをせがまれたりしても、「中断するのはイヤだな」と思ってしまいましたが、今は手を止めて「明日やろう」と思えます。

料理は「下ごしらえをする、肉の下味冷凍をする、野菜を調理する、肉などの揚げ物をする」の4つの作業に分けて考えています。たとえば、土曜日に昼ごはんを作りながら野菜と肉を切り、晩ごはんを作りながら下味冷凍をし、日曜日に火を通したり揚げ物をする

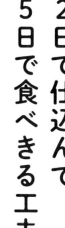

肉の作り置き。左から鶏ハムの黒胡椒風味、バジル風味、豚肉のカレー炒め、鶏もも肉の唐揚げ。鶏ハムはレモンをふって作ると臭みが消えます。

というように。その日の体力に合わせて4つの段階を組み合わせて作ります。

作り置きしたおかずは、冷蔵なら3〜5日間、冷凍なら1か月を目安に使いきります。レシピは「つくおき」という料理サイト（https://cookien.com）を見て作ることが多いのですが、それぞれの料理の日持ち日数も載っているので、参考にしつつ傷みそうなものから、どんどん食べていきます。水曜日くらいには、冷蔵用の作り置きおかずをほぼ食べきるので、ここからは下味冷凍した肉を解凍して、ありあわせの野菜と組み合わせて週末まで持たせます。

まとめ買いや作り置きは、そのときの負担は大きいものですが、平日の食事の準備がラクになるうえ、週の後半にかけて冷蔵庫が空っぽになっていく様子を見るのは気持ちいいものです。

「1回分」を徹底すれば冷凍にムダが出ない

食費節約や時短に便利な作り置きや冷凍。でも、食べきらないことにはお金も時間もムダになります。要因としては、冷蔵庫内での「見失い」。作り置きの冷蔵品は、ガラスの容器やラベルを貼ったほうろうの容器に入れて、冷蔵室の定位置に。何が残っているのかをいつも把握できるようにしています。

肉や魚の下味冷凍は冷凍室の下段奥に、真ん中の列にはピカタや唐揚げなど、調理した状態で冷凍したものを。作り置きで出る半端な野菜をまとめた、みそ汁やスープの具材セットも**1回分ずつ冷凍室の上段へと、場所を決めて収納することで「気づくと腐っていた」「霜だらけになっていた」ということが防げます。**

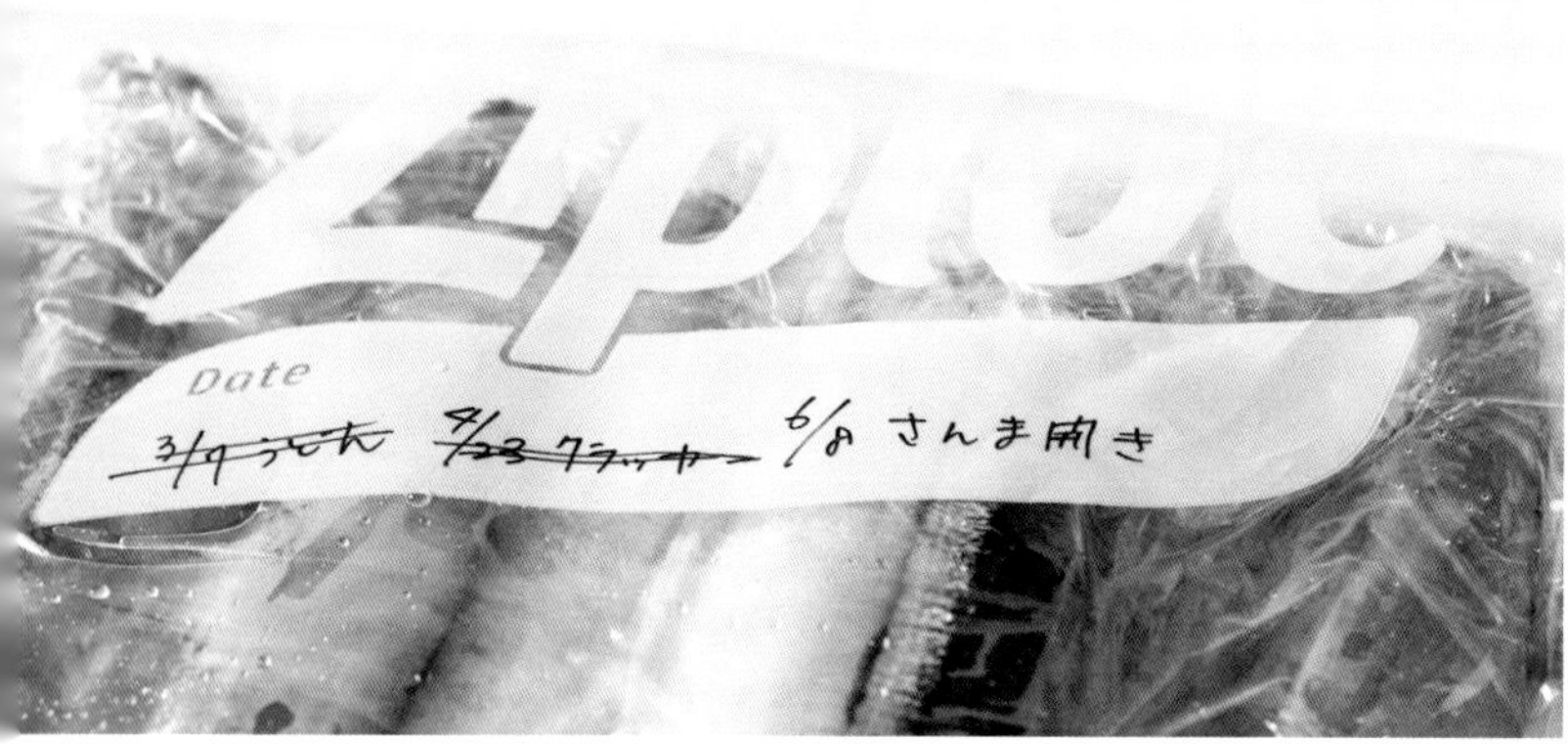

衛生面が気になるので、保存袋にはいつ何を入れたかがわかるように、油性ペンで日付と中身をメモ。この袋は以前にうどんやクラッカーが入っていたことがわかります。3回使ったら保存袋は処分。

水分の少ない塩鮭のような魚やパックから出した肉は、直接袋に触れないように、ラップに包んでから保存袋に入れて汚れを防止しています。

肉の下味冷凍の手順

1

肉を切るときは牛乳パックをまな板代わりに。使い捨てできるので便利。

2

飽きないよう味を変えた漬けだれを作ります。すべての調味料を並べて、保存袋に調味液を作っていきます。漬けだれはレシピ本を参考に。肉をすぐ入れられるように、保存袋の口を開けておきます。

3

カットした肉を漬けだれの袋に入れたら、袋の上から手でもんで、全体にまんべんなく調味液が行き渡るようにします。

4

空気を抜きながら口を閉じます。いつ何の下味冷凍をしたかがわかるように、袋に油性ペンで書いておきます。

5

冷凍保存の準備完了。この日作ったのは鶏胸肉のみそマヨ漬け、マヨポン（マヨネーズとポン酢）チキン、手羽元のにんにくしょうゆ漬け（唐揚げ用）、豚バラ薄切り肉、スタミナチキン、スタミナ豚丼用など。

6

冷凍室に平らにして置いて冷凍したあと、固く凍ったら名前を書いたダブルクリップをつけて、立てて収納。

保存食で食卓に彩りを

私の母はみそや梅干し、らっきょうの酢漬け、干物など季節の保存食をよく手作りしていました。旬をギュッと閉じ込めた保存食は食卓にあるとホッとする一品です。私もひとり暮らしを始めたころから、少しずつ保存食を作るようになりました。

冬によく作るのはみそや切り干し大根。お店で売っているようなカラカラにはならないので、ある程度乾燥したら、冷蔵室や冷凍室で保存して早めに食べきります。

春になって、スーパーに小ぶりの安いいちごが出回りはじめたら、ジャムを作ります。初夏になるとらっきょうの酢漬け。夏になると梅干しをよく作ります。とくに梅干しの土用干しが好きな作業で、ふかふかした梅を娘たちといっしょに「なんか、かわいいね」と言いながら、よく乾くようにひっくりかえしています。

寒くなって風邪がはやりはじめると、はちみつ大根をよく作ります。さいの目切りやいちょう切りにした大根を瓶に入れて、はちみつをかぶるくらいに入れるだけ。半日くらいで完成。これを湯で割って風邪予防に飲んでいます。

3月に作るいちごジャムと金柑の甘露煮。手作りならではの素朴なおいしさが楽しめます。

私流の切り干し大根。拍子木切りやいちょう切りにして、ざるの上に重ならないように広げます。天気のいい日はベランダ、雨や風の強い日、夜間は部屋で、1～3日間干します。半生状態ですが、水分を飛ばしただけで旨みが倍増。保存袋に入れて、冷蔵室や冷凍室で保存。

Chapter 4

備えがあることの安心。防災備蓄の「ルーティン化」

地震や豪雨などの有事による緊急避難……。災害は他人事ではなくなっています。私がSNSで発信している暮らしの情報のなかでもとくに関心が高いのが「防災」にまつわる話題。何をどこまで備えたらよいのかは、地域によってさまざまです。まずは、気軽に1日分の水、1日分の食料のストックから始めてはいかがでしょうか。

自分と家族、地域を救う防災の心がけ

最近は自然災害がとても多く、何事もない日常の貴重さをあらためて考えさせられます。災害は起きてほしくないと願いますが、**起きたときの被害を少しでも減らすためには、備えがとても大切です**。

ひとり暮らしのころは、災害への備えをほとんどしていませんでした。食べ物を少し多めにストックする程度で、結婚後も非常持ち出し用のリュックに、水やライトを少し詰めておくくらい。しかしその後、東日本大震災で計画停電や品不足を経験し、認識が変わりました。

SNSのフォロワーさんからは「災害は起きるかどうかわからないもの。そこにお金や労力をかけるのは、あまり気が進まない」という旨のコメントやメッセージも寄せられます。夫婦ふたりだから、ひとり暮らしだから、備えてなくてもなんとかなるだろうし、災害のことは深く考えたくもない……という方もいらっしゃると思います。

でも防災備蓄は、自分や家族を守るためだけでなく「地域の弱い立場にある方を守るためにもなる」。弱い立場というのは、たとえば介護で人の手が必要な方や、病気、障がいのある方、そしてその世帯の方たち。お子さんがいて、スピーディな避難が難しい家庭も含まれます。

災害が起きて避難所や、食料の配布場所にすぐに来られるのは、いわば「身軽な方たち」です。被災してけがをしていたり、家族の世話をしなくてはならないような方たちは、遅れてやってきます。ようやくたどり着いたときには配布する食料や日用品がなくなってしまっている、ということがあるそうです。自分や家族の身を守るのはもちろんのこと、備えることが地域の困っている方たちを助けることにもつながる、ということを知り、防災が私自身のなかで優先順位の高いものとなりました。

防災の大切さを経験した
プチ避難のお話
2019年の台風19号
自宅近くの川も
水位が上がり
危険が迫っていた
ザザーッ
ゴゴーッ
明るいうちに
避難しよう!!
はーい
義父母と高台の
自治会の集会所へ
車で移動
わっ!!
交差点に
水が!!
ザブッ
ザバン
持参したおにぎりで
夕食をすませ
ました
指定避難所じゃ
ないから
もってきて
よかった!!
ホッ
停電に備えて
スマホの
電池残量を
温存しなきゃ
ザーッ
トランプで
あそぼうか
ザーザー
子どもたちは
アナログな
あそびを
しました
わーい!!
子どももいるし
集会所、
使わせてもらって
よかった!!
パパ〜
おウチ
大丈夫かな〜
ガラス
われてない
かな〜って
座布団↓
雨と風の
音で
眠れない夜
すごい音
川は大丈夫
かしら
様子を
見てくるか
キケン
だから
ダメよ
イチバンだめな
やつ〜
水位は
スマホで
見れるから
物資に情報!
備えておいて
よかったです

玄関の「非常持ち出し用リュック」で、とりあえずの安心

非常持ち出し用の荷物は、リュック2つに分けて、玄関収納に入れています。夫と私で分担して運ぶ予定です。

中に入れるものについては、防災関係の資格（防災備蓄収納1級プランナー）を勉強、取得するなかで、大きく見直していきました。**大切なのは「見直しと更新」**。ずっと入れたままにするのではなく、必要なものを入れ替えていく作業です。とくに子どものグッズや非常食は成長によって変わっていきます。着替えもすぐにサイズアウトし、食べられるものも変わります。

リュックには母子手帳や健康保険証のコピーを入れています。母子手帳は紛失して予防接種などの記録がわからなくなると大変なので、日ごろのバックアップも兼ねています。変更点があれば、半年に一度コピーを取り直して、入れ替え。また、被災してもし家族がバラバラになったとき、捜すのに写真が大切だと聞いてからは、家族写真も。小さな子どもはどんどん成長して顔も変わるので、1年に1回は入れ替えましょう。

わが家は土地が低いため、豪雨のなかを避難しなくてはならない可能性があり、リュックの中身は防水のためにジッパーつきの保存袋に小分け。リュックのひとつには防水のために登山用のザックカバーをかけ、もうひとつはドライバッグを利用。ライトも防水仕様のものを準備しています。

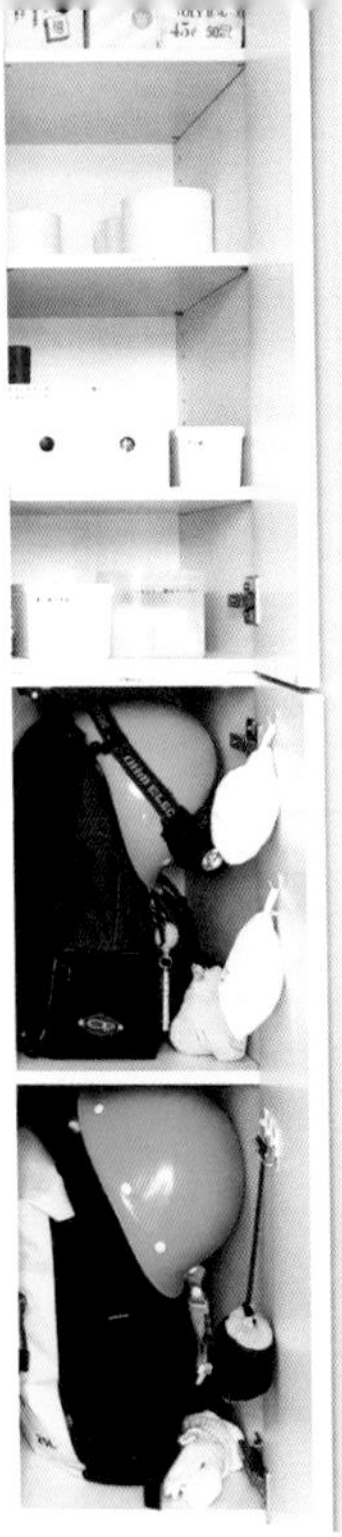

玄関の正面にある収納スペースにリュックや防災用ヘルメット、軍手や子ども用の反射ベストなどを収納。いち早く外に出られるようにしています。

玄関に置いてある2つの防災リュックの中身

2つのリュックの中には、とりあえず避難所などに移動しても困らないくらいの必需品を詰め込んでいます。こまごましたものは、保存袋に入れてまとめ、ごちゃつきを防止しています。

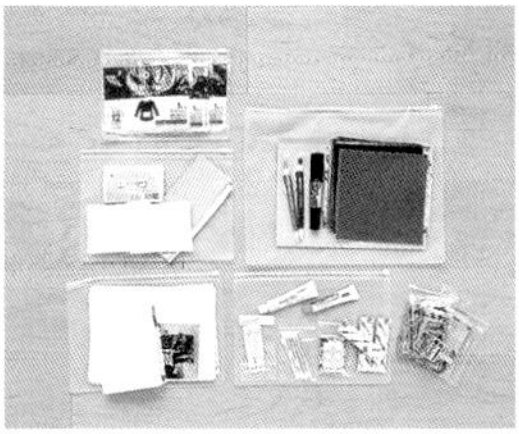

子どもが避難先で飽きないように折り紙を用意。いっしょに油性ペン、ボールペンを入れておくとメモ用紙としても使えます。お尻拭き、ティッシュ、ポリ袋もひとつの袋に。塗り薬、ばんそうこう、綿棒、薬はそれぞれ小さな袋にまとめています。母子手帳&運転免許証&保険証の各コピー、家族写真、ノートも入れています。

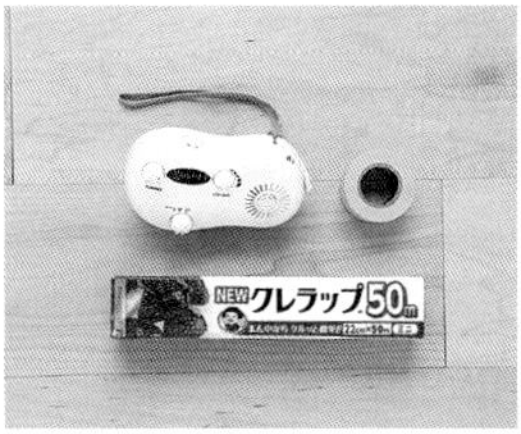

ラップは紙皿に敷いたり、食べ物を包むのに役立ちます。携帯ラジオは情報を得るため。手動式なので電池がなくてもＯＫ。マスキングテープは袋の口を留めたり、メモを貼ったりするときに便利。

防水のドライバッグの中身。子どもの着替えや大人の下着をそれぞれ保存袋に入れて常備。Tシャツなども1セット入れてあります。

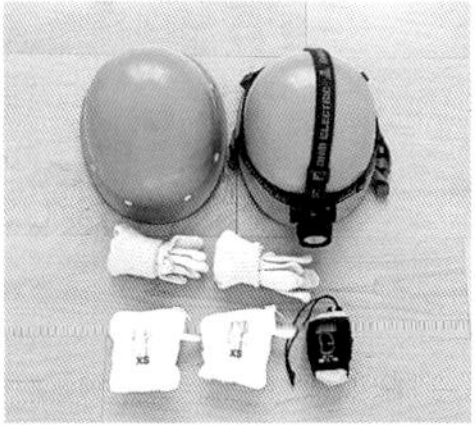

リュックの近くにはヘルメットと子ども用の反射ベスト、ザックカバー、軍手、ライトを。子ども用の反射ベストは、IKEAで購入したもの。混乱のなかで夜間の避難になれば見失う可能性があると考え、購入しました。(めったにないですが)夜間に外出するとき、交通事故防止のために着せることも。

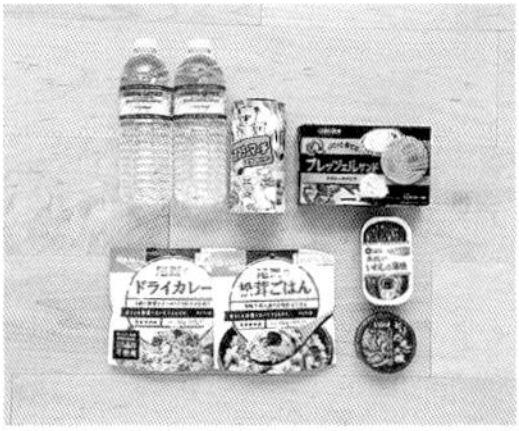

お菓子類、水、いわしのかば焼き缶や鶏と卵、大根の煮込み缶、アルファ米類はドライバッグに。缶詰はそのまま、アルファ米はお湯がなくても水を注ぐだけで食べられるのが便利。

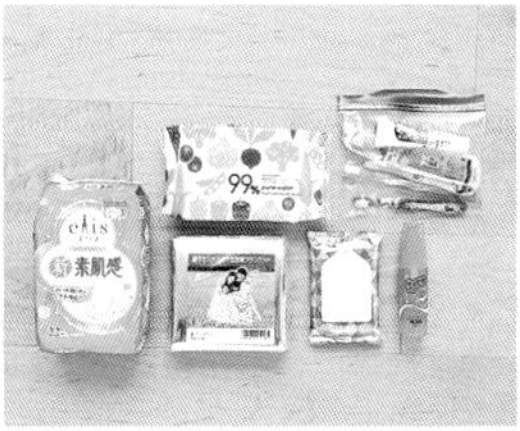

衛生用品も必須です。歯磨きセットは保存袋に家族分を。汗拭きシート、生理用品、防寒シート、お手拭きシート、虫よけスプレーも。防寒シートは広げると大きくなるので、家族で寄り添って暖がとれます。

「何を置くか、どれだけ置くか」に迷ったら

備蓄専用の食料は5年10年といった長期保存が可能ですが、通常のものより高額な商品が多いので、たくさんそろえることが難しかったりします。5年10年もたつと、ライフステージが変わっていて、必要な備蓄品が変わってしまっている可能性も……。

そのため、アルファ米以外の食料は、普通の缶詰やレトルト食品で好きなものを備蓄しています。期限は早く切れてしまいますが、備蓄専用の食料よりおいしいので楽しんで消費することができます。

見直しは、**3月11日（東日本大震災の日）と9月1日（防災の日）の年2回をめどに**。年2回の見直しは多少手間ですが、備蓄品の中身を家族の状況に応じて柔軟に変化させることが可能になります。少しでもお得に買いそろえたいので、「楽天スーパーセール」や「楽天お買い物マラソン」といった日をチェックして、備蓄品を購入しています。

避難生活になっても、味に飽きないようにいろいろな種類の炊き込みご飯を備蓄。消化のいいおかゆや、温めなくても食べられるタイプのレトルトカレーも用意しています。子どもがご飯を食べられないときのことも考え、粉末スープや野菜ジュース、子どもが好きなキャラクターのふりかけも。

「ローリングストック」という
言葉をご存じでしょうか？
ふだんから利用している
ものを少し多めに
備えること
食べる
買う
備える
災害時に
自宅で当面生活する
ことが可能に
なります
防災用語としてはわりとメジャー
ふだん使う食材で
長期保存できるのは……
レギュラーメンバー
トマト
コーン
ツナ
切り干し大根
ウチだと
この辺かな？
うーんもしもの
災害時のことも
考えると
あんまり食べないけど…
さんまのかば焼き缶とか
やきとり缶……
カップ麺もいるかな……
うどん
さんまのかば焼き
やきとり
はじめは
よーしバッチリ
って感じでしたが
しばらくして
ウチには
合わない!!
念のため買った
さんまのかば焼き缶、
やきとり缶は
ちょっと割高!!
ひーん
管理も行き
届かないし
……
いつの間にか
期限切れとう…
ふだん使いと
非常とか
備蓄とか用は
きっちり
分けよう……
ふだん使いは
キッチンの近くに
収納して
備蓄品は
非常食や
防災用品と
いっしょに
2Fの収納へ!!
白がゆ
ごはん
五目ごはん
別管理にしたら
スッキリ
しましたよ!!

防災グッズは何を置くかも重要ですが、どこに置くかも大切なポイント。

わが家で行っているのは「**分散収納**」です。

玄関に非常時の持ち出し用リュックを置いていますが、避難場所が自宅である場合を想定し、数日間分の生活備品をストックしています。メインの置き場所は、2階の廊下の収納スペース。わが家は床上浸水の可能性がある地域のため、水や食料は2階に保管するのが安全です。さらに、地震でドアがゆがみ、部屋に閉じ込められてしまう場合を考え、寝室など滞在時間が長い部屋にも最低限の食料や日用品の入ったボックスを置いています。そこまでの被害ではなくても、キッチンの収納庫の扉が開かなくなったり、割れた皿が散乱してしばらく入れなくなる、という場合も。部屋や階を分けておけば、いざというときのリスクを減らせます。

7歳の長女は、これからひとりで家にいることや、外出する機会が増えてくるでしょう。そう考えると、長女の防災についての理解を深めて、もしひとりで被災したときにどのように行動するか。そんな会話も始めたいと思っています。

2階の廊下の備蓄収納スペース。下段のいちばん右の奥に上下に重ねて水や食料、日用品を置いています。

トイレットペーパーはシングルで200m巻きのものを購入しています。簡易トイレは20枚入り（サニタクリーン簡単トイレ／20枚入り）を2袋備蓄していましたが、家族4人だとこれでは足りないと考え、100回分を追加購入。凝固剤とビニール袋がセットになっているタイプは、高いものが多かったので、シートで吸収するタイプ（非常用トイレ「紙レット」／100枚セット）を選びました。

食料品の入っているボックス。この中には日用品も入っています。紙皿や紙コップ、ラップ、水のいらないシャンプー、ろうそく、除菌シート、防臭袋など。

各部屋に設置している備蓄用品。水やご飯、ジュース、スプーンやウェットティッシュなどが入っています。紙パックのジュースは万が一、子どもたちだけがどこかの部屋に閉じ込められたとき、ペットボトルの水のキャップが子どもでは開けられないと思って入れています。

これまで水は2ℓのペットボトルのものを購入。でも2ℓだと使いきるまでに時間がかかり、衛生面で不安が残るので、500㎖のペットボトルに変更することに。

カセットコンロのガスもお湯を沸かしたり、調理をするための必需品なので、できるだけ多く備蓄。現在は25本ほど収納。

車は外出先で被災した場合、家代わりに活用する可能性もあるので、備蓄場所としても考えています。持ち手つきバッグやバケツに入れて収納。水、レインコート、タオルケット、毛布(冬のみ)、使い捨てカイロ(冬のみ)、バスタオル、携帯トイレ、ペットシートなどを備蓄。

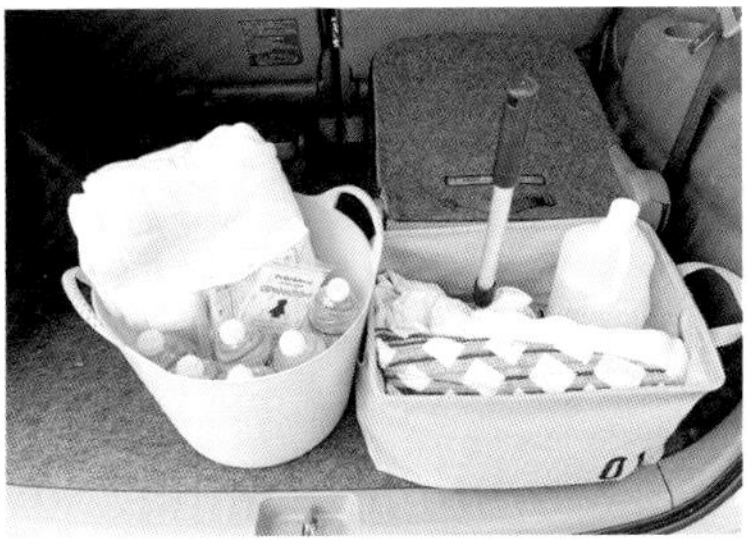

100円ショップから始める「プチ防災のすすめ」

備蓄したいものは数も種類もたくさんあって、費用もそれなりにかかります。そこでおすすめなのが100円ショップ。ここでは私が選んだ防災グッズの一部をご紹介します。

衛生用品

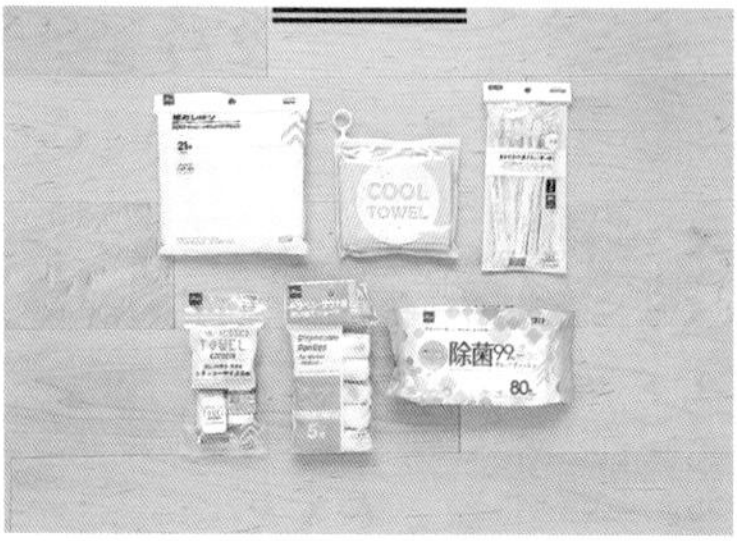

歯磨き粉つきの使い捨ての歯ブラシ。ぬらして絞り、振って使う冷感タオルは、暑い季節に助かります。手や口、台を拭いたりするのに便利な紙おしぼりと除菌効果のあるウェットティッシュ、使い捨ての下着、水を含むと広がる圧縮タイプのタオルも。どれもコンパクトなので助かります。

体を守るもの

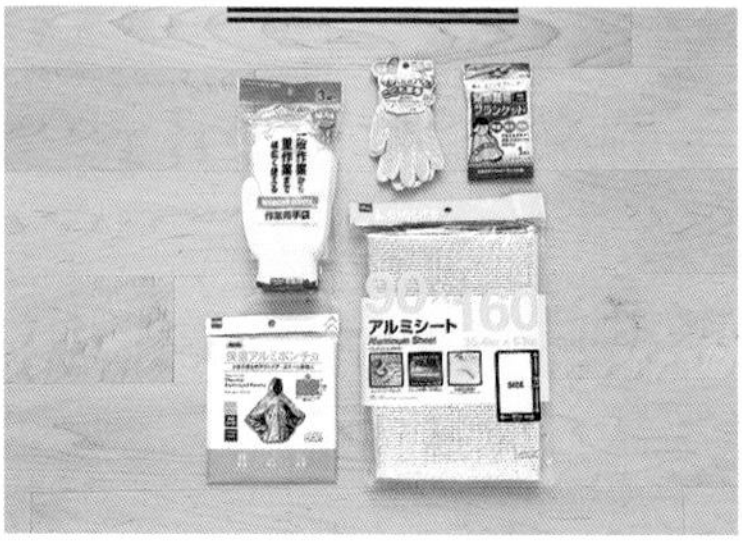

けがを防止したり、手袋代わりになる子ども＆大人用の軍手、防水や保温ができる簡易ブランケット、雨の日に役立つ保温アルミポンチョ、床や土の上に敷くアルミシート。

食品

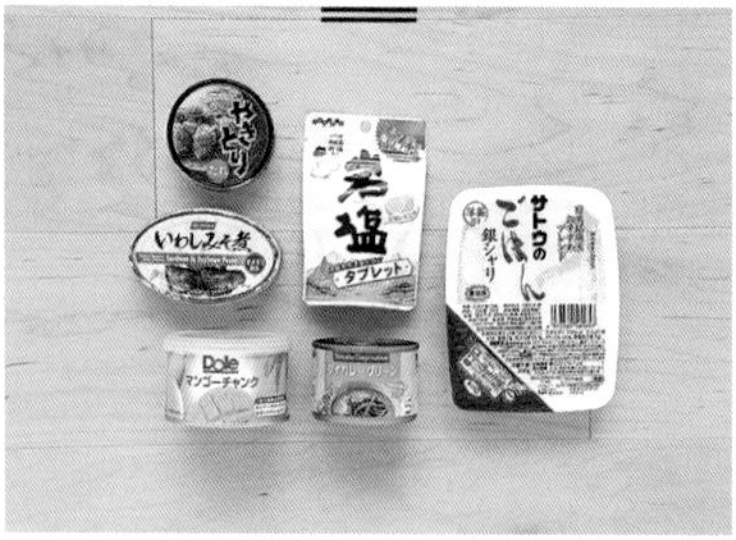

加熱が必要ですが、ご飯パック、塩分補給ができるタブレット、やきとりやいわしのみそ煮などおかずになる缶詰、ご飯にかけるだけのカレーの缶詰、おやつやデザートになるフルーツの缶詰。

食事用

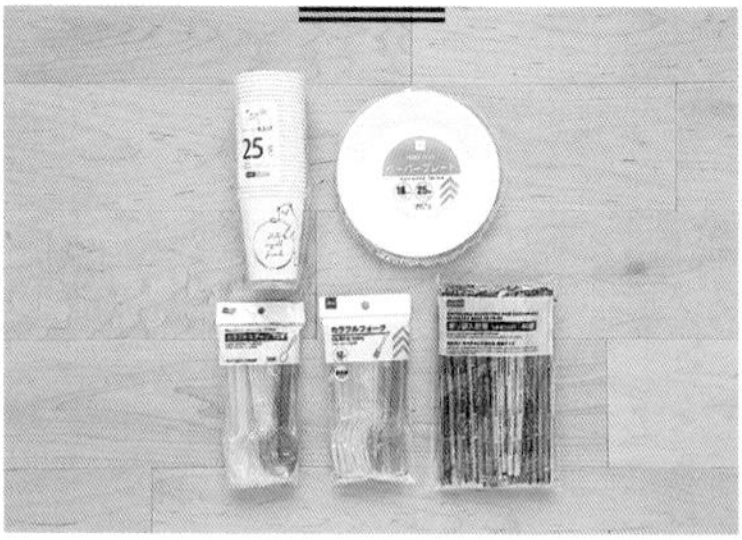

紙皿や紙コップ。個包装で衛生的な割り箸、フォークやスプーン。紙皿はラップを敷いて使えば、何度も使用できます。

気をまぎらわせるもの

油性ペンと折り紙やシール、ノート。子どもが飽きないようにこうした遊び道具を用意しておくと被災したとき、少しでも気分が晴れるように思います。油性ペンは水にぬれても消えないので、メモなどを残すときに役立ちます。折り紙もメモ用紙として使えます。

照明や情報源となるもの

電池切れなどの心配がない手動式のライト、スマホを入れておくと水にぬれても安心の防水ケース、災害時には絶対に持っておきたいモバイルバッテリー。こちらはダイソーで500円。防水ケースはタブレット用も販売されていました。

そのほかあると便利なもの①

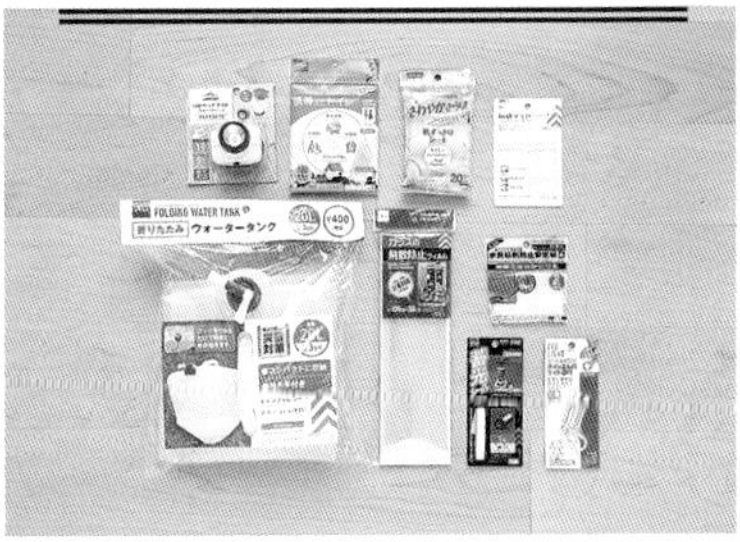

地震に備えての耐震マットや、拭くだけで肌がさらさらになるシート、携帯ミニトイレ、両手が自由になるヘッドライト、居場所を知らせるときに役立つホイッスルつきのライト。夜間でも光る蓄光シール、20ℓ入る省スペースな折りたたみウォータータンクはコックつきで400円。水を入れるとちょっと重いけれどあると便利です。

そのほかあると便利なもの②

以前、台風で避難したときに持っていれば便利だと思ったのがポシェット。お金や必要書類のコピー、スマホを肌身離さず持ち歩けて便利。非常用にバッグを購入するのは気がひけますが、100円だと助かります。

停電になっても安心な備え

懐中電灯を立ててレジ袋をかぶせるだけ。そのままつけるよりもふわっと柔らかい光で部屋を照らしてくれます。

寝室横の廊下にぶら下げている無印良品の「フック付LEDセンサーライト」（廃番）。人感タイプなので、人が通ると足元をやさしく照らしてくれます。

わが家では生活動線に、人感センサーライトを設置しています。停電対策として設置したものですが、夜、寝室に行くときにいちいち階段の電気をつけなくてよいなど、日常生活でも便利。

　また停電時は、ライトにレジ袋をかぶせて点灯する方法がおすすめです。アウトドアや防災用のランタンがあるのがよいと思いますが、防災用品もなかなか一気にそろえられるものではなく、わが家も、ランタンはありません。

　停電時の明かりは、ライトの上にペットボトルを載せるという方法も。試してみたところたしかにとても明るかったのですが、ライトの形状によっては、安定して載せることは難しいと感じました。ペットボトルでうまく安定させられなかった場合、レジ袋をかぶせて点灯させると、そのままつけるよりも明るく照らしてくれます。

　東日本大震災後の計画停電時に、この方法でライトを使っていました。暗いことは暗いのですが、それでも心強かったことを覚えています。また、ドアノブやライト、スマホなどに蓄光シールを貼っておくと、暗闇でも見つけやすいのでおすすめです。

無印良品の太陽光で充電するタイプのセンサーライト。電池が不要なので災害時にも安心。

「いざというとき、に備える7つの心がけ」

万が一避難が必要になったとき、何も準備していなかったということがないように、家族で一度話し合っておきましょう。備蓄も大切ですが、避難場所や連絡方法なども決めておくと安心です。

① 避難場所を確認する

仕事先や子どもの学校など、それぞれで被災した場合を想定しておきます。

→家族で散歩がてら、歩いてみるのもおすすめ。

② いざ、避難！　となったとき、最初に持ち出すものを決めておく

リュックやヘルメットの置き場所を決めて、家族で確認しておきます。

→中に入れるものを書き出し、定期的に見直すことも忘れずに。

③ 連絡を取る人を把握する

かかりつけの病院の連絡先も知っておくと安心。

→連絡先リストを手帳とスマホの両方に入れて、家族で共有できるとベター。

④ 家族との連絡方法を複数用意して、家族で共有する

NTT災害用伝言ダイヤル、インターネット災害用掲示板、SNSのほか、家の周辺に家族連絡用の貼り紙を貼るとしたらどこか、なども話し合っておけると理想的。

→共有リストを作り、親族にも伝えておきたいもの。

⑤ 土地の危険度を確認する

自分の住んでいるところの役所に行くとハザードマップがあります。それを事前に確認しておきます。

→毎年確認し、季節や気象をふまえた最新情報をチェック。家の近所の壊れやすい建物なども確認して。

⑥ 子どもたちといっしょに「防災」を考える

→子どもの年齢によって「自分でできること」「注意すること」が変わるので、日ごろから話して、いざというときどうするかを決めておきます。

⑦ 「備え」を定期的に見直す

→半年、1年に一度など見直す日を具体的に決めて、把握を。

私のインスタグラムでこれまでもっとも反響のあったネタ!!
それは「**トイレの逆流防止**」!!
大雨のとき……トイレや排水口から
ボコボコ
ジャボン
ボコ
って鳴ったことありませんか……?
それ……もしかしたら汚水が逆流するかもしれませんよ……
ぴかっ
防災用ライト
ママ、こわいよ!!
汚水が逆流なんて想像しただけでおそろしいですよね
そんな大雨時の逆流対策には
水のう!!
ちゃぷん
タッタララ〜♪
作り方はカンタン
ジャーーッ
ビニール袋に水を入れて口をしばるだけ!!
お風呂に洗面所!!
キッチンのシンクなど**排水口**に設置しましょう

トイレだけ ちょっと 手順が 増えます
まずは便座を上げて
45ℓ
45ℓのゴミ袋をセット
便座を下ろして水のうをセット!!
水のうをセットしている間はトイレが使用できないので
ケータイトイレ
非常用トイレ
トイレ〜!!
非常用トイレがあると便利です
気をつけポイントは後片づけ!!
まずは使い捨てゴム手袋をしまーす
水のうを取り出します
使った水のうは袋をビリッと破って水を捨てます
トイレのすぐ横に
便器にセットした袋を処分するための袋を広げます
袋の中心を持ち、引き揚げます
ぬれている側が内側になるように丸め用意した袋に入れて捨てましょう
とてもカンタンですよね!!
大雨のときは逆流対策を忘れずに!!

@pyokopyokopのフォロワーさんたちに聞いた防災アンケート

インスタグラムでも反響が多いのが、防災についての投稿。フォロワーのみなさんの対策法をうかがってみました。

①常備しているものと理由

停電用にライトとガソリンをたっぷり

2018年9月の北海道胆振東部地震で震度6を経験。2日間、停電しました。停電すると車のガソリンが頼り……というのも、情報は車から流れるラジオやスマホのみ。ガソリンのメーターが減っていくのがとにかく不安でした。もし冬だったら暖も取れなかったと思うとゾッとします。当時、子どもは3歳で私も妊娠9か月。停電が何日続くかわからない不安と、食べ物の調達に苦労しました。連日、スーパーやコンビニも長蛇の列。1週間くらいは牛乳や豆腐、野菜などの供給が不安定だったため、防災の大切さを感じました。

常備しているのは①非常食のご飯②保存期間20年のドライフード③常温保存できる豆腐④水⑤ヘルメット⑥小銭類⑦非常用トイレ(自宅用、子どもが座ってできる簡易トイレ、携帯用トイレ)⑧保冷剤⑨ヘッドライト・ペンダントライト⑩携帯ラジオ⑪使い捨てカイロ⑫ガスコンロなど。また、車のガソリンはつねに¾以上あることを心がけています。

(@asu1016.sさん)

プライバシーと体力を守る

シュラフ、マット、簡易テントは体育館での避難を想定して、少しでも寝心地がよいようにすることとプライバシーを確保のため。予備のめがねは、壊れたり紛失したときに備えて。

(@yuki.__.__さん)

被災が冬の場合を想定

2019年10月の台風で避難所に避難した際、体育館の床が硬く苦痛だったため、自動膨張式エアーマットを家族分常備。床は硬いだけでなく、ひんやりと冷たかったので。冬に災害が起こった場合も想定しています。

(@pannokimochiさん)

閉じ込められないための防災

わが家は毎年、台風の通り道。停電したときに困らないために「ポータブル電源」や大地震で窓やドアがゆがんで開けられなくなったときのための「バール」は備えています。

(@yusan.lifeさん)

使い勝手のいい「アイラップ」はおすすめ
自宅がオール電化なのでライフライン復旧までのガスコンロとボンベは必須。ランタンにもボンベは使えます。「アイラップ」は煮炊きできる袋状のラップで、臭いも閉じ込めます。この「アイラップ」に入れて調理し、袋を広げて食べれば、鍋や食器を汚すことなく使い終わったらそのまま包んで捨てられるすぐれもの。普通のラップより使い勝手がいいのでおすすめ。
(@chiha_786 さん)

子どもの食料を最優先に
子どもたちにアレルギーがあるため、万が一の場合、炊き出しなどのものが食べられないと考え、食べられる保存食を探して備蓄しています。
(@mayutoso さん)

心をおだやかにするアイテムをプラス
肢体不自由の子と発達障害がある子、1歳児とペットがいて、避難所への避難があまり現実的ではないので、自宅避難を強化。①幼児も食べられる非常食や水②ひまつぶし用に老若男女問わず楽しめるゲーム③非常時だからこそ、気持ちが上がる香りつきキャンドルやおしゃれなランタン④トイレのドアにポキッと折って光らせる腕輪など。
(@amor_mass さん)

避難はわが家と考えて食料を中心に
高台のマンションなので、どこかへ避難をするよりも家で過ごす確率が高いと考え、食べ物を中心にストックをしています。ティッシュ類などは災害時以外にも突然買えなくなることがあるので、今までよりもストック量を増やしました。
(@hag_ie さん)

北国なのでまずは「暖」を取れること
防災グッズをセットで買いました。2歳児がいるのでおむつやお尻拭き、北国で年中、朝晩冷えるのでウィンドブレーカーと使い捨てカイロ、靴がぬれたときのためのスリッパを常備。
(@stkse さん)

子どもと被災することを想定
3歳の子どもがいるので、子ども連れで避難するときの防災アイテムを常備しています。夜間の緊急避難を想定して、地震のがれきや雨で足をとられてけがするのを防ぐため、抱っこひもをつねに玄関に。万が一の最悪の事態の際、いち早く身元判明できるように、ばんそうこうに油性ペンで子どもの名前と血液型、母の携帯番号を書いて、子どもの腕に貼れる準備。子どもがはだしのまま逃げるかもしれないので、避難リュックに予備靴と靴下を入れています。ほかに子どもでも難なく吹けるおもちゃの笛も。
(@yk.komi さん)

②これから備えたいと考えている防災グッズと理由

暑さ対策を強化

ここ数年、異常な暑さになってきたので、熱中症予防のために接触冷感のグッズやたたくと冷たくなる保冷剤などをそろえようと思います。

（@natsuki255さん）

情報源を確保

情報を得るにも発信するにも、スマホは必要不可欠。スマホを充電するための小型発電機、ボンベで動くタイプとソーラー充電のものなどを常備したいと思っています。

（@chiha_786さん）

子どもの気持ちの安定をはかる

子どもが安心できることを最優先に考えて、お気に入りのぬいぐるみの2個目を購入してリュックに。 車中泊も考慮し、車内でお湯を沸かせるジェットボイルなども加えました。紙皿は子どもが少しでも明るい気持ちになるように、ちょっとお高めの絵柄入りを用意してあげたいと思います。

（@amor_massさん）

避難先での健康維持を考えて

避難生活で体調を崩すことが二次災害のひとつと考えているので、寝袋を用意して睡眠が安心してとれるように。温かいものが食べられると精神的に落ち着きが出ると思うので、簡易コンロも買い足しました。

（@saksak.bronsさん）

衛生用品をプラス

すぐ顔が脂っぽくなってしまうので、せめて数日間はきちんとスキンケアをしたいと思い、スキンケアの試供品1週間分を追加。頭がかゆくなるのを少しでも防ぐため、ドライシャンプーも加えました。

（@zyuttan24さん）

菌やウイルスから守る

新型コロナウイルスの収束も見えないし、マスクや除菌ができるものを準備。

（@hag_ieさん）

備えの目安に！

防災グッズ・チェックリスト

わが家では防災グッズのリストを作り、夫とパソコン内で共有しています。最初は最小限のものから、そして少しずつ、必要なものをそろえていきました。最近は新型コロナウイルスの影響で感染症対策もできる防災に意識が高まっているようです。マスクや除菌スプレーをリストに加えるのはマストで、さらには避難所などでの対策（使い捨てのグッズの多用、素手で物を触らない工夫など）も、みなさん考えていて、参考になります。

ご紹介するのは、一般的な防災グッズのリスト。すべてをそろえなくてもいいですが、一度きちんと用意してみると、その後の見直しがラクになります。毎年更新していただき、ご家庭に合ったリストにしてもらえればと思います。

※数量は夫婦２人分です。同居家族がいる場合は、プラスしてください。

食品　＊ご家族の好みによって、備蓄してください。

- □ **アルファ米　6袋ほど**
  ※種類がいろいろあるので好みのものを。
- □ **豚汁やけんちん汁　4袋ほど**
  ※体が温まる汁ものは必須。
- □ **カレー　2パックほど**
  ※温めないで食べられるタイプも常備すると便利。
- □ **パンの缶詰　2個ほど**
  ※いろいろなフレーバーのものがあるので一度試食するのがおすすめ。
- □ **缶詰　4種ほど**
  ※フルーツ缶があるとデザートやおやつに。
- □ **マカロニやスパゲティ　2個ほど**
  ※防災用は乾燥状態で缶に入っています。水や湯で戻して使います。
- □ **ビスケットやあめなどのお菓子　各1袋**
  ※個別包装のものだと衛生的。空腹を満たしたり、気をまぎらわせたりするためのもの。

飲料水

- □ **保存水　500㎖　12本**
  ※ひとり1日3ℓが目安といわれています。これは1日分。3日分以上を備えることが推奨されています。
- □ **野菜ジュース 160㎖　4個**
  ※手軽に栄養補給もできます。
- □ **スポーツドリンク　1袋**
  ※コンパクトな粉末タイプがおすすめ。
- □ **給水バッグ　5ℓ 2個**
  ※持ち運びしやすいサイズがおすすめ。

装備品

- □ **軍手または防災手袋**
  ※避難のときに手をけがしないために。
- □ **マスク**
  ※普通のマスクと使い捨て防じんマスクがあれば万全。普通のマスクはウイルスや菌対策用、防じんマスクは粉じんの吸い込み防止に。
- □ **雨具**
  ※予算に応じて100円ショップのものから登山用のものまで。登山用は高性能で安心です。
- □ **タオル　3個入り　1袋**
  ※使い捨ての圧縮タオルが便利。
- □ **下着**
  ※100円ショップで買える使い捨てタイプもあり。
- □ **ヘルメット**
  ※折りたたみ式なら省スペース。ただし、硬くて広げにくいものがあるそうなので実際に確認してから購入を。

貴重品

- □ **現金**
  ※1万円くらいを1,000円札と小銭にくずしてジッパーつきポリ袋に。
- □ **保険証**
  ※コピーしておくと安心。
- □ **運転免許証**
  ※コピーしておくと安心。

照明器具

- □ **LEDヘッドライト**
  ※ヘルメットや頭につけて使用。両手が使えて便利。
- □ **ソーラー充電式ライト**
  ※太陽光で充電できるので電源いらず。
- □ **手動発電ライト**
  ※手回しで充電できるので、電池が切れても安心。

情報収集ツール

- □ **携帯ラジオ**
  ※テレビやインターネットが使えないときに便利。乾電池＋ソーラーのように併用できるものがおすすめ。
- □ **多機能防災ラジオ**
  ※ライトや充電機能つきのものをチョイス。
- □ **モバイルバッテリー**
  ※ふだんから満タンにしておくことが肝心。

医薬品

- □ **救急セット**
  ※ばんそうこう、消毒薬、包帯など。けがをしたときに。
- □ **常備薬**
  ※整腸剤や頭痛薬など各ご家庭でよく使うものを。処方薬があれば必ず。
- □ **おくすり手帳**
  ※とくに持病のある方はコピーしておきましょう。病気にかかったとき、今までどんな薬を飲んできたのかの履歴があれば安心。

その他

□ **新聞紙**
※破片を包む、防寒など。

□ **使い捨てカイロ**

□ **めがね、コンタクトレンズ**
※もしも壊れたときのために替えのめがねも。

□ **スキンケア用品**
※新たに購入ではなくサンプル品を防災用にとっておくだけでも。

□ **心が落ち着くアイテム**
※好きな香りのアロマや紅茶など。

□ **カセットコンロ　1台**
※自宅や避難先で重宝。

□ **ガスボンベ　4本ほど**
※時間がたつとガスが切れている場合もあるので注意。また、缶がさびると使用できなくなります。

□ **紙コップ　50個入り　1袋**
※1人分ずつのおかずの取り分けにも。

□ **紙皿　30枚入り　1袋**
※平たいものと深さのあるものがあると便利。

□ **十徳ナイフ**
※缶切りやドライバーなどがワンセットになっているのであると便利。

□ **ラップ　50m　1本**
※皿に敷いたり、包帯、ひもの代用品としても使えます。

□ **ポリ袋　50枚入り　1袋**
※不衛生なものをつかむ手袋代わりにも便利。

□ **アイマスク、耳栓(必要なら)**
※避難所などで眠れないときに。

□ **筆記用具**
※油性ペンは壁などに家族への伝言を書く場合にも使えます。

□ **家族写真**
※家族がはぐれたときに。スマホの家族写真でもいいですが、電池切れの場合もあるので。

衛生用品

□ **消毒スプレー　1本**
※避難先での衛生管理に。

□ **生理用品　2周期分ほど**
※使用ずみの生理用品を捨てるための袋も用意。

□ **簡易トイレ　20回分ほど**
※消臭剤も用意しておくとストレスを軽減。

□ **防臭袋 90枚入り　1袋**
※使ったあとのトイレやおむつ、生ゴミ入れに。衛生面は通常のポリ袋でも十分ですが、悪臭はストレスになるので防臭袋がおすすめです。

□ **ティッシュペーパー　5箱**

□ **トイレットペーパー
200m 6ロール**
※トイレ使用だけでなく、ティッシュ代わりにも。また経済産業省がトイレットペーパーの備蓄を推進。トイレットペーパーの国内生産の約4割が静岡県なので、東海地震などが発生すると大幅に不足し、1か月程度は混乱すると予測されています。

□ **除菌シート　1袋**
※手や体を清潔に保つために。

□ **汗拭きシート　1袋**
※断水でお風呂に入れないときに。

□ **水のいらないシャンプー　1本**
※断水でお風呂に入れないときに。

□ **歯ブラシ＆液体歯磨き　2本＆携帯用サイズ1本**
※液体歯磨きは水がないところでも使用可。

□ **綿棒　1パック**
※水がないとき、口腔ケアにも使用可。

高齢者

- □ おかゆ(介護用保存食)
- □ 紙パンツ・おむつ・お尻拭き
- □ 下着
- □ 薬・おくすり手帳

ペット用

わが家ではペットを飼っていませんが
ペットがいる家庭は用意しておくと安心。

- □ ペットフード
- □ ペットシーツ
- □ 簡易(または折りたたみ)ケージ
  ※ペットに合わせたもの。
- □ ワクチン接種の状況や、既往症、健康状態がわかるもの
- □ 薬

すべてを防災用として備蓄するのではなく、日常使いのものをいつもの収納場所に少し多めにストックしておくと備蓄しやすくなります。赤ちゃん用品は、日常使いのものはマザーズバッグに。よぶんなものはマザーズバッグの近くに収納しておくと、緊急時も優先的に入れられます。

赤ちゃん用

- □ 液体ミルク
  ※母乳育児の場合でも、災害時はストレスで母乳が出にくくなることも。
- □ 使い捨て哺乳瓶
  ※哺乳瓶の洗浄や消毒ができないときのために。
- □ おむつ　1パック
  ※月齢に合わせて。
- □ お尻拭き　1袋
  ※大人の手や体を拭くのにも使えます。
- □ 着替え　5枚ほど
  ※赤ちゃんは汚しやすいので多めに用意。好みでない、お下がりを非常用にするのも。
- □ ベビーフード
  ※月齢に合わせて。
- □ 母子手帳
  ※コピーも取っておく。
- □ 小児用薬
  ※かぶれ止めなど。

子ども用

- □ 着替え
  ※下着、パンツとトップス、靴下を一式。
- □ 子ども用歯ブラシ
  ※使い捨てタイプでもOK。
- □ 子ども用手袋
  ※小さめサイズの軍手でもOK。
- □ おもちゃ
  ※気がまぎれるようなお気に入りを用意。
- □ ノート&クレヨンや折り紙
  シールなど
  ※お絵かきなどの遊び用に。
- □ 防犯ブザー
  ※避難先での防犯などに念のために持たせると安心。

[そのほか、わが家で必要なもの]

☐
☐
☐
☐
☐
☐
☐
☐
☐
☐
☐
☐
☐
☐
☐
☐
☐
☐
☐
☐
☐
☐
☐
☐
☐
☐
☐
☐
☐
☐
☐
☐
☐
☐
☐
☐
☐
☐
☐
☐

おわりに

暮らしまわりの情報を発信するようになってときどき思い出すのは、祖母の姿。古い家でしたが、いつもきれいに掃除し、ていねいな暮らしを営んでいました。台所の片づけで、毎回洗い桶やシンクまわりを水滴を残すことなく拭きあげていたこと。新しくはないけれど清潔に手入れされた畳。レジ袋ひとつとっても、ピッチリと折り曲げて収納し、雑に感じる所作がありませんでした。必要以上の物を持たず、捨てたり、ご近所や親せきなどにゆずる決断も早かったように思います。整った家に流れるおだやかな時間は、幼い私にとって心地よいものでした。

インスタグラムを始めてから、しだいに暮らしに関する取材や執筆などの仕事が増え、会社勤めとの両立が難しくなりました。「家庭での時間をゆとりをもって過ごしたい」。そんな思いから、今はフリーランスとして活動しています。

２０２０年、新型コロナウイルスの影響で自宅で過ごす時間が増し、家事や育児に追われる女性たち。「みんな、大変だよね」。そんな気持ちをインスタグラムを通じて共有しあえたのは大きな励みでした。

家事の工夫と、暮らしの楽しさ。私たち主婦が、自分をラクにできる情報をこれからもお伝えしていきたいと思います。

ぴょこぴょこぴ

※ 本書に掲載されている情報は2020年9月現在のものです。

※ 本書で紹介しているぴょこぴょこぴさんの掃除の方法はすべて、実際にぴょこぴょこぴさんがご自宅で行っているものです。洗剤の使用方法について、読者の方が参考にする場合には、洗剤のパッケージに書かれたメーカーの注意書きを必ずお読みいただき、安全性に配慮してご使用ください。不安がある場合には、使用前に目立たない場所で試し、乾かして変色などのトラブルがないかを確認してからご使用ください。

ぴょこぴょこぴ

整理収納アドバイザー1級／防災備蓄収納1級プランナー／クリンネスト1級。関東在住。夫と7歳、4歳の女の子の4人暮らしの兼業主婦＆インスタグラマー。往復3時間通勤をしながらの「4時起きルーティン家事」や、子育てとの両立、防災の工夫をつづったInstagramが人気を集める。現在はフリーランスとして活動中。フォロワー数13万人超（2020年9月現在）。本書が初の著書。

Instagram　@pyokopyokop

Blog 「暮らしの工夫.com」
https://kurashinokufuu.com/

YouTube 「暮らしの工夫byぴょこぴょこぴ」
https://www.youtube.com/c/kurashinokufuu

考えない家事

「ルーティン化」で心も体も自由になる！

著　者　ぴょこぴょこぴ
編集人　新井 晋
発行人　倉次辰男
発行所　株式会社 主婦と生活社
〒104-8357 東京都中央区京橋3-5-7
電話　03-3563-5058（編集部）
03-3563-5121（販売部）
03-3563-5125（生産部）
https://www.shufu.co.jp
印刷所　大日本印刷株式会社
製本所　小泉製本株式会社

ISBN978-4-391-15510-5
十分に気をつけながら造本していますが、落丁、乱丁本はお取りかえいたします。お買い求めの書店、もしくは小社生産部にお申し出ください。

デザイン
小橋太郎（Yep）

撮影
林 ひろし
有馬貴子
ぴょこぴょこぴ

編集協力
小橋美津子（Yep）

マンガ・イラスト
アベナオミ
スヤマミヅホ

校閲
安藤尚子
山田久美子

編集担当
谷 知子